臺南文獻

陳奇祿

第24輯

城隍御碑歷史畫

中華民國112年12月出版

目次

刊頭語

　　本（24）輯以「城隍御碑歷史畫」為專題，刊載三篇論文：謝貴文〈從官祀到民祀：安平鎮城隍廟的發展與轉型〉，探討安平鎮城隍廟由官祀身分轉型為地方公廟之後，如何透過公普整合各角頭而建立「城隍廟無普，無人敢普」地位的歷程；陳俊宏〈從史料探索臺灣府郡城（臺南）福康安等功臣祠與御碑〉，藉此功臣祠與御碑見證林爽文糾眾聚亂的歷史事件，提供我們了解史蹟時空背景與聯想，但這樣的「警惕臺民，引以為戒」，並無法根絕往後的民變；廖今鈺〈從「乃木將軍」到「臺南市民」──探析李明禮〈和平使節〉對臺灣歷史畫的重新詮釋與意義〉，則藉〈和平使節〉一畫回顧巴克禮求和事件的後世評價。共通點都是在理出歷史脈絡之後，回頭省視歷史留給後代的時代意義。

　　「一般論述」收錄和田奈穗實的日治臺南賽馬活動、張維正的清代臺灣芒果發展概況、蔡沂蓁與蔡宗信的臺南家將源起與傳衍等三篇專論，探討主題、立論、風格及其時空背景，雖然不盡相同，但都開啟了臺南研究的另類視野，讓我們耳目一新。而在「田調與報導」方面，則有莊曉明的八田與一戶籍再論、許獻平的學甲下社角李姓古墓碑踏查等兩篇文章，現身說法，引領我們進入歷史現場重新審視歷史現象。

　　《臺南文獻》在經過 12 個年頭之後，接下來有兩個改變：其一，擴大編輯陣容，增加不同領域專家參與；其二，回歸並落實「輪流主編機制」（每人編兩輯），呈現更為多樣的編輯風格。本人忝為編輯一員，就此卸下「紀年（khí-nî，12 年）爐主」，感謝過往大家的賜稿與體諒。

主編

從官祀到民祀：安平鎮城隍廟的發展與轉型 *

謝貴文 **

摘要

　　安平鎮城隍廟是清代臺灣唯一由武官所創建的城隍廟，日治時期後又順利轉型為地方公廟，見證城隍信仰從官祀到民祀的發展變遷。本文研究發現該廟的創建，乃根據城隍的自然神屬性，但亦有人格神屬性之作用。雖然其歷次修建皆由武官負責，但仍有不少文官給予支持，且在清末已廣受當地船戶居民的信仰與護持，也因此能在失去官祀身分後，順利轉型為地方公廟，並透過每年的公普活動，發揮整合各角頭的功能。在此一轉型過程中，城隍神做為冥界行政官的形象與職能並未改變，這從其儀式活動、匾額文物及配祀神即可見之。

　　關鍵字：安平鎮城隍廟、官祀、民祀、公普、民間信仰

*　　本文係國科會專題研究計畫「分香、境主與孤魂轉化：臺灣民祀城隍廟之研究」（MOST 111-2410-H-992-045-MY2）的成果之一，亦為大臺南文化叢書第 13 輯《爾來了：四百年來臺南城隍信仰的發展與變遷》的部分內容，同時承蒙本期刊兩位匿名審查人提供寶貴意見，在此一併致謝。

**　國立高雄科技大學文化創意產業系教授

一、前言

　　明清兩代是城隍信仰官方化、制度化的時期，明太祖將天下城隍統一納入祭祀體系中，在京都及各府、州、縣皆有對應的城隍廟，形制與官署廳堂相同，地方官員上任宿廟、朔望謁廟，一年三次迎請城隍祭厲，該神成為冥界一定區域的守護者與管理者，又擴展成與現世行政機構對應的冥界行政官，亦扮演陰間司法審判官的角色。清代延續明制，城隍的官僚形象更加深入人心，各地皆有功烈忠臣或清官能吏死後出任城隍之傳說，廟堂的空間陳設與部屬配置，猶如森嚴衙門，不僅是教化黎民、輔助施政的場所，也不時上演各種神判儀式。

　　即使是孤懸海外的臺灣，亦在這段期間出現許多官祀城隍廟。鄭氏時期在府城東安坊興建首座城隍廟。清領時期隨著開發的腳步，在各行政區興建官祀城隍廟，包括臺灣縣、諸羅縣、鳳山縣（新、舊城）、彰化縣、淡水廳（新竹）、澎湖廳（文澳、馬公）、噶瑪蘭廳、臺北府等皆有之，甚至有因治所遷移，而出現一縣（廳）兩廟的情形。這些城隍廟雖為官方所建，但民間信仰活動熱絡，有的甚至成為繁榮的市街核心。日治時期，其雖不再具有官祀身分，而有部分遭到拆毀或廢棄，但有些廟方仍與官方維持良好關係，不僅能維持一定的香火，甚至還獲得修建。戰後各廟都得以恢復或延續香火，有的甚至成為該縣市最重要的廟宇，或被指定為古蹟、登錄為民俗。這些皆顯示臺灣的官祀城隍廟，並未隨帝國崩解而銷聲匿跡，反而能順利轉型為民間信仰，持續在地方發揮重要影響力，並且保存不少珍貴的文化資產，實有必要投入更多的研究。

　　安平鎮城隍廟為臺南三座官祀城隍廟之一，但其並非依制度興建的府、縣城隍廟，而是由臺灣水師協鎮的武官所建，歷次修建亦由其負責。[1] 約在清末該廟已深受當地居民的信仰與護持，日治時期後更成為安平四大公廟之一，與各角頭廟有密切的互動，並透過公普活動來發揮整合的功能，在當地具有重要的地位。本文將透過文獻分析與實地調查，探討該廟從官祀到民祀的發展歷程、信仰變遷及重要人物，並解答以下幾個問題：建廟的原因及依據為何？反映何種城隍的神格屬性？官方與民間在此有何互動？能順利轉型為地方公廟的原因何在？與各角頭廟的互動關係如何？公普活動如何進行，又如何整合各角頭？期待能藉此對該廟有更完整的認識，也能為城隍研究提供更多的思考方向。

二、清領時期的創建與發展

　　安平是臺灣站上世界的最早舞臺。1624 年荷軍由澎湖轉佔臺灣，在舊稱「大員」的安平，建立本島第一個統治政權，並於一鯤身沙洲上興築熱蘭遮城，成為對中國、日本貿易的中途站，及統治全島之政治中心。明永曆 15 年（1661）鄭成功驅逐荷蘭人，收復臺灣，將一鯤身改為故里之名「安平」鎮，並以熱蘭遮城（時稱「臺灣城」）為內府及軍事重地。清康熙 23 年（1684），臺灣納入清朝版圖，政治中心移至府城內，安平改隸鳳山縣，但仍保有軍事地位，設置水師協鎮，官署一度設在熱蘭遮城內，後來改為貯藏火藥、軍裝之用。清康熙 61 年（1722），安平因是平定朱一貴事件的重要根據地，而改名為

1　清代將城隍列入祀典的神明之一，但又規定府、州、縣方有對應的城隍神。如就祀典制度而言，安平城隍廟並不能算是「官祀」；但就實際執行層面而言，其由官員興建及祭祀，並負責歷次修建，仍可視之為「官祀」或「官廟」。

「效忠里」。清雍正 9 年（1731）重新調整行政區劃，安平又歸入臺灣縣轄區。

如就清朝禮制而言，府、州、縣層級才有對應的城隍廟，但安平僅為臺灣縣轄下的里，卻在清乾隆 14 年（1749）由水師協副將沈廷耀興建一座城隍廟，[2] 實為全臺絕無僅有之特例。這座城隍廟的興建原由，顯然與熱蘭遮城有關。王必昌《重修臺灣縣志》記載該城（時稱「赤嵌城」），曰：

> 城基方廣二百七十六丈六尺，高凡三丈有奇。為兩層，各立雉堞，釘以鐵。瞭亭星布，凌空縹緲。上層縮入丈許，設門三。……入版圖後，為協鎮署，廢而不居。颱颶飄搖，連年地震，遂致傾圮。五十七年，鳳山縣知縣李丕煜奉文葺之。前為門，中為堂，後為署，旁列小屋數間。今貯火藥軍裝。乾隆十三年，協鎮沈廷耀建塘房二間於外城南門內，撥兵防守。先是，北面臨海一帶，短　坍塌，潮水齧城基。雍正十一年，協鎮陳倫炯砌之。乾隆十四年，城西北暨教場南海岸沖崩計一百八丈，邑監生方策捐銀三百兩築沙堤，協鎮沈廷耀成之。是年，外城建城隍廟。[3]

由此可知，熱蘭遮城除周長範圍較小外，城門、雉堞等形制都如同一般城池；而高度達三丈多，並設內外兩層城牆，還具有更高的防禦力。此外，將當地最高官署設在城內，亦與府、縣城的做法無異。副將沈廷耀顯然對這座城頗為重視，除在清乾隆 13 年（1748）在南門內增建塘房，派兵駐守外，還於翌年（1749）在城西北海岸修築沙

2　王必昌編纂，《重修臺灣縣志》（臺北：臺灣銀行經濟研究室，1961），頁 168。

3　王必昌編纂，《重修臺灣縣志》，頁 531-532。

堤，以避免城基因潮水沖刷而一再坍塌。同年，沈氏即在外城興建城隍廟，明顯可看出是希望藉此守護該城的安全。

這種軍事系統興建的城隍廟，在明清兩代並不少見。例如明代《八閩通志》即有記載，福建屬軍事系統的衛、所皆建有城隍廟，金門千戶所的上級永寧衛，尚註記其城隍廟乃「**洪武間，指揮洪海建。正統間，衛知事王廉修。千戶陳宗重建。**」[4] 由此可推知這些衛、所

安平鎮城隍廟現況。

城隍廟皆由官方所建，顯然在地官員亦不覺有不合體制之處。此一情形並非僅存在於東南沿海地區，北部邊境亦然。張傳勇的研究即指出，明初以來為防禦蒙古軍隊侵擾，陸續在北邊設置軍鎮，建置衛、所、堡城，如陝北榆林地區即設有四衛、37座

城堡，這些城堡亦全數建有城隍廟。[5]

那麼這些衛、所城隍廟設置的依據為何？從成化年間的李安〈新建廣安所城隍廟碑記〉中，或可得到答案。該碑文有曰：「**且城隍者應祀之神。蓋有司公署必有城池以衛守之，有城池必有神以主宰之。城隍之神下司水土，上翊皇圖，能捍大災，能禦大患。軍士之守禦斯土，其所以守必固、戰必勝、攻必取者，豈不賴神助哉！**」[6] 此認

4　黃仲昭修纂，《八閩通志》，下冊，卷59（福州：福建人民出版社，1989），頁391。

5　張傳勇，〈明清陝西城隍考——堡寨與村鎮城隍廟的建置〉，《中國社會歷史評論》11（天津：南開大學中國社會史研究中心，2010），頁68。

6　轉引自張傳勇，〈明清陝西城隍考——堡寨與村鎮城隍廟的建置〉，頁68。

為官署所在地必建有守衛的城池，有城池即應奉祀主宰的城隍神，以庇祐軍士守城護土。顯然其根據的是城隍的原始意義，「城」指城牆，「隍」為護城河，「城隍」本為一種自然崇拜，南北朝開始建廟祭祀，而被視為城市的守護神。在此自然神的屬性下，只要建有城牆圍護的聚落空間，即有建造城隍廟的正當性；而官署治所之處通常會築城，自然亦有建城隍廟來加以守護之必要，此不因行政或軍事系統而有區別。

明清兩代雖有府、州、縣祭祀城隍神之規定，但並未明文禁止其他地方層級、行政單位或軍事系統設置城隍廟，這也使各地出現不少制度外的城隍廟，且多與其築有城牆有關。如明代山東的顏神鎮、張秋鎮皆建有城隍廟，主要原因是兩者皆先有興築城池，又都有行政級別較高的官員，如工部郎中、府通判等進駐，具有建廟的正當性，故其上級府、縣皆未干涉。[7] 同樣的，安平築有熱蘭遮城，雖然規模較小，但形制與一般城池無異，又設有僅在總鎮署之下的水師協鎮署，由此地最高武官興建城隍廟，以庇祐軍民守城護土，雖不合乎禮制，卻是合情合理。

雖然該廟主要依據城隍的自然神屬性而設，但仍不能忽略其所具有人格神性格之作用。如同濱島敦俊的研究指出，明初的制度強化城隍神做為「冥界一定區域的守護神、管理者」之性質，且隨著其功能的擴大，使該神帶有「與現世行政機構相對應的冥界行政官」之性質，如清代中期蘇州除有府、縣城隍廟外，亦出現巡撫、布政財帛

7　張傳勇，〈明清山東城隍廟"異例"考〉，《聊城大學學報（社會科學版）》6（山東：聊城大學，2004），頁49-51。

司、按察糾察司、糧巡道等城隍廟，猶如冥界的專業官僚。[8] 沈廷耀興建安平鎮城隍廟，亦多少有與臺灣水師協鎮對應之意。如上所述，城隍做為冥界行政官，管理轄區內的眾鬼魂，而負有祭厲之責。在安平一鯤身有鄉厲壇「萬善宮」，為清康熙 53 年（1714）由水師副將張國所建，設置目的乃因鄭氏時期以此地為行刑場，後來時有孤魂作祟之靈異現象，造成地方的恐慌不安，故建該祠祀之，以撫慰孤魂、安定人心。[9] 而沈氏在興建城隍廟的隔年（1750），即對該鄉厲壇進行增建，**「壇前建庵奉佛，庵西南隅蓋瓦屋五間，周繚以垣。」**[10] 顯然亦有以城隍祭厲撫孤之用意。

　　臺灣水師協鎮與安平鎮城隍廟的對應關係，尤其表現在後者的歷次修建，皆由前者的武官負責，如《續修臺灣縣志》所載：**「（乾隆）五十年，協鎮丁朝雄修；嘉慶六年，水師守備陳景星倡修；九年，遊擊詹勝、守備陳廷梅、李文瀾等復修。」**[11] 現今該廟尚保存有清乾隆 49 年（1784）自稱「信官」的丁朝雄所敬獻之石香爐，顯見其對城隍信仰之虔誠。而清嘉慶 6 年（1801）陳景星倡修，當未完成即調陞而去，[12] 由詹勝等人於清嘉慶 9 年（1804）接續修復完成。其中詹勝還曾捐俸興修府城的海靖寺（即「開元寺」）及興濟宮，[13] 足見亦為一信仰虔誠之武官。

　　在此之後，雖無安平鎮城隍廟修建的文獻記載，但從文物可知在

8　濱島敦俊著，朱海濱譯，《明清江南農村社會與民間信仰》（廈門：廈門大學出版社，2008），頁 120-121。

9　陳文達編纂，《鳳山縣志》（臺北：臺灣銀行經濟研究室，1961），頁 162。

10　王必昌編纂，《重修臺灣縣志》，頁 166。

11　謝金鑾、鄭兼才合纂，《續修臺灣縣志》（臺北：臺灣銀行經濟研究室，1962），頁 62。

12　陳景星後來歷任澎湖水師左營中軍守備、右營遊擊、副將。見林豪纂輯，《澎湖廳志》（臺北：臺灣銀行經濟研究室，1963），頁 199、208、212。

13　臺灣銀行經濟研究室編，《臺灣南部碑文集成》（臺北：編者，1966），頁 545、547。

臺灣水師協鎮丁朝雄敬獻石香爐。

臺灣水師中營遊擊游紹芳敬獻「被靈燮理」匾。

清同治 3 年（1864）尚有一次大規模的重建。今廟內高懸有一方署名「董事福建臺灣水師中協副總府游紹芳」於該年季冬所立「被靈燮理」匾，其中「副總府」為「遊擊」之別稱，「董事」則是董理重建之事，亦即臺灣水師中營遊擊游紹芳負責此次重建事宜。除此之外，早年廟內尚保存有三支樑籤，不僅見證此次重建規模之大，亦凸顯該廟深受官民支持的程度。

　　這三支樑籤原釘在該廟三川門及拜亭之橫樑下，日治時期臺南文史專家石暘睢即曾注意此珍貴文物，至 1965 年經臺南市文獻會委員莊松林、林勇再度來此考察，終獲里人協助取下，解開其重要的歷史訊息。這些樑籤皆未註明年代，但根據林勇就其中人名加以考察，可證明其所列為清同治 3 年重建之捐獻者。第一籤領銜者為漁業戶潘顯忠等所捐銀計 222 大員。第二籤領銜者為臺灣鎮總兵曾元福及各協鎮、副總府、中軍府等，共捐銀 62 大員暨 359 小員。第三籤領銜者為臺灣知府陳懋烈及信官、千把、外額、三營眾目兵丁，共捐銀 378 大員。[14]

　　這些樑籤雖僅列重建捐獻者名單，但卻透露出不少重要訊息。第

14　林勇，〈重建安平城隍廟樑籤考〉，《臺灣城懷古續集》（臺南：臺南市政府，1990），頁141-163。

一籤所列皆為安平地區的漁業戶,多達 91 名,其中領銜之一的歐黽,原名歐陽黽,綽號「錢爛黽」,乃富甲一方的大戶,擁有大舶十艘、戰船一隻、魚塭十四甲。他與二弟「錢尾龍」、三弟「大柿保」皆孔武有力,威名在外,在鹿耳門港附近開設鑣局,保護海運行旅,海賊皆不敢犯。其子孫後代尚世居今安平區妙壽里。[15] 由此來看,安平城隍廟雖屬官廟,但在當時亦是民間信仰的廟宇,深受地方船戶居民所護持,該城隍神不僅在管理冥界鬼魂、守護城池安全,也是庇佑船戶出海平安、滿載而歸的神明。

第二籤以臺灣鎮總兵曾元福領銜,下列 18 名水師副將、遊擊及守備。曾氏歷任鎮標右營守備、北路營都司、南路營參將等,在南路營任職期間,對南部地區的寺廟頗為支持,曾於清咸豐 4 年(1854)以

「癸丑四月,南部各庄擾亂,聞左營庄北極大帝乩示庄民募義保境。」

而獻「保衛官民」匾予左營元帝廟。[16] 同年 4 月,府城北極殿重修捐銀 20 員。[17] 翌年(1855)10 月,府城天公壇重修亦捐銀 20 員。[18] 清咸豐 9 年(1859),鳳山新城城隍廟重修又捐銀 100 大員。[19] 同年 12 月,董修鳳山縣五塊厝庄北的關帝廟,[20] 並捐銀 1000 大員及立碑。[21] 同年亦曾獻「上佑下民」予鳳山新城的天公廟。[22] 此外,在鳳邑舊城城隍廟內有供奉其長生祿位,顯然在清咸豐 6 年(1856)該廟重修時,

15　林勇,〈重建安平城隍廟楹籤考〉,頁 145。

16　鄭喜夫、莊世宗編,《光復以前臺灣臺灣匾額輯錄》(南投:臺灣省文獻會,1988),頁 367。

17　臺灣銀行經濟研究室編,《臺灣南部碑文集成》,頁 663。

18　臺灣銀行經濟研究室編,《臺灣南部碑文集成》,頁 665。

19　臺灣銀行經濟研究室編,《臺灣南部碑文集成》,頁 677。

20　盧德嘉纂輯,《鳳山縣采訪冊》(臺北:臺灣銀行經濟研究室,1960),頁 166。

21　何培夫編,《臺灣地區現存碑碣圖誌‧高雄縣市篇》(臺北:國立中央圖書館臺灣分館,1995),頁 266-267。

22　鄭喜夫、莊世宗編,《光復以前臺灣匾額輯錄》,頁 398。

他亦曾給予不小的支持，加之護衛鳳山縣安全有功，而深受地方人士感念。由此可知，曾氏亦為一信仰虔誠的武官，尤其對城隍廟多所護持，故而願意出面支持安平鎮城隍廟的重建；雖然整個重建工作由水師協鎮主導，但他的出面對文武官員及地方人士更具號召力，也是重建規模能擴大的關鍵原因。

第三籤的領銜者皆是文官，分別為臺灣知府陳懋烈、臺灣海防兼南路理番同知葉宗元、臺灣縣知縣白鸞卿。陳氏曾在清同治 3 年分別獻「大德曰生」、「慈雲普蔭」匾予府城興濟宮、大觀音亭。白氏則曾因嘉義城隍在戴潮春事件時顯靈，而敬獻「至誠前知」匾額，並協助上奏該神保衛城池事蹟，而獲敕封「綏靖」；[23]另亦可能在清咸豐 10 年（1860）發起募捐重建臺灣縣城隍廟。[24]由此來看，這些官員同樣具有虔誠信仰，且雖為文官，但也參與由武官主導的安平鎮城隍廟重建工作，顯示該廟受到文武官員與地方居民共同的支持，這在清代臺灣城隍廟中是至為罕見的。

可惜的是這些深具歷史價值的樑籤，今已失佚不存，所幸當地文史前輩林勇尚有留下紀錄與研究，讓後人看見安平鎮城隍廟沿革發展的重要一頁。現今該廟尚高懸一方清光緒元年（1875）季冬臺灣水師協鎮副將周振邦所敬獻「幽明惟一」匾，彰顯城隍神做為冥界行政官的形象與理陰贊陽的職能。另據載該廟尚有一方清光緒 6 年（1880）楚湘信士趙成美所敬獻之「鑑空衡平」匾，[25]因此人未冠銜稱，不知是何來歷，但在清末《鳳山縣采訪冊》有載一同名者，任職下淡水都

23　臺灣銀行經濟研究室編，《清德宗實錄選輯》（臺北：臺灣銀行經濟研究室，1964），頁 2。
24　增田福太郎著、古亭書屋編譯，《臺灣漢民族的司法神》（臺北：眾文圖書公司，1999），頁 56。
25　林勇，〈重建安平城隍廟樑籤考〉，頁 144。

司，「（湖南湘潭人，由軍功歷保儘先補用副將），同治八年八月初一日委署，九年正月二十六日卸。」[26] 由於湖南湘潭屬於「楚湘」範圍，其又有武官背景，且年代相近，極有可能即是獻匾者；可惜該匾今亦不存。

臺灣水師協鎮副將周振邦敬獻「幽明惟一」匾。

三、日治時期後的轉型與變遷

進入日治時期，安平鎮城隍廟失去官祀身分，但因在清末已深受當地船戶居民所護持，故能順利轉型為地方公廟。根據日明治30年（1897）臺南縣社寺、廟宇所屬財產表記載，安平鎮城隍廟的建築有30坪，佔地有78坪，在安平地區僅次於關帝君廟、媽祖宮及大道公廟（妙壽宮）。值得注意的是，該表已列出安平（效忠里）的六社及其角頭廟，包括妙壽宮（囝仔宮）社的大道公廟（妙壽宮）、金門聖母廟（伍德宮），灰磘尾社的弘濟宮王爺廟，王城西社的西龍殿王

26　盧德嘉纂輯，《鳳山縣采訪冊》，頁230。

爺廟，海頭社的大道公廟（廣濟宮）、文朱殿王爺廟、周王爺廟（周龍殿）、土地公廟（金龍殿）、福德爺廟（文龍殿），十二宮社的福德爺廟（三靈殿），港仔尾社的伍府王爺廟（靈濟殿）等。[27] 顯見在此之前，安平「市仔街」[28]四周的角頭組織即已形成，且迄今仍持續運作。[29]

戰後安平鎮城隍廟經過兩次大規模的重修。第一次是在 1973 年完工落成，並舉行建醮大典，今廟內仍高懸有當時信徒陳展敬獻的「安平城隍府」匾，上款特別標示「乾隆十四年季秋吉置」，凸顯該廟的創建年代。另有各社角頭廟所獻匾額，包括三靈殿的「恩澤幽明」、妙壽宮的「察理陰陽」、海頭社的「洞察正邪」、西龍殿的「察觀善惡」等。這些都顯示城隍理陰贊陽、賞善罰惡的形象依然深植在民間信仰中，亦可從中看見安平醮儀中「交陪境」與禮數的表現。[30] 第二次是在 1989 年重修落成及建醮，由樂捐芳名碑可看見，捐款最多者是金榮工業公司林再傳，其為安平人，年輕時曾在「金源合」擔任學徒，日後創辦金榮、敬華鋼鐵公司，其子林文雄則曾擔任臺灣省議員、臺南市議員及臺南市長，為當地頗負名望的大家族。此外，當時該廟的管理人陳拐岸及負責祭典的李增南，亦皆列名捐款者之前茅。

陳拐岸為安平另一座公廟觀音亭的主任委員，也同時管理安平鎮城隍廟長達二、三十年之久，後來退休才由李增南接任管理人。李氏

27　溫國良編譯，《臺灣總督府公文類纂宗教史料彙編：明治二十八年十月至明治三十五年四月》（南投：臺灣省文獻委員會，1999），頁 404-405。

28　該街最早稱「熱蘭遮街」，今稱「延平街」，有「臺灣第一街」之美稱。

29　戰後從原有的六社，因安平新港開通，而增加三鯤鯓為七社；又因開闢五期重劃區，而增加億載社、興和宮社、華平社為十社。各社皆有自身的角頭廟。

30　詳見梅慧玉，〈「交陪境」與禮數——以臺南市安平區的二次醮儀為例〉，收於莊英章、潘英海編，《臺灣與福建社會文化研究論文集（三）》（臺北：中央研究院民族學研究所，1996），頁 145-177。

安平鎮城隍廟的三城隍。的「安平城隍府」匾，　　安平鎮城隍廟的三城隍。
上款標示「乾隆十四年季秋吉置」。

生於 1939 年，囝仔宮社人，年輕時曾經從事捕魚、泥水匠、造墓等
工作，約在 25 歲時意外地被安平城隍爺抓乩，父親訓勉他要有奉獻
服務的精神，才能承擔此一工作。他在受禁期間，被關於門窗緊閉的
城隍廟內，只能待在神桌底下長達 49 天，幾度想開門逃離，卻又不
由自主地退回去，直至訓練完成才出關。他擔任該廟三城隍的乩童，
大多在處理疾病、「卡陰」、時運等問題，據稱曾經救了約 13 個在加
護病房的病人。由於安平另兩座公廟開臺天后宮、觀音亭皆無乩童，
他也常協助請示公事，透過城隍爺之口傳達給兩廟的管理階層。除為
城隍廟服務外，他也曾任開臺天后宮、妙壽宮的管理委員，並擔任過
三任菩薩里里長及安平區里長聯誼會主席，對地方事務貢獻良多。[31]
可惜他於 2021 年辭世，今由其子李建興接任管理人，持續為該廟及
信眾服務。

　　現今安平鎮城隍廟主祀城隍爺，計有四尊，神龕內為大、二、
四城隍，特別的是還有一方霞海城隍的神位，據廟方表示該神赴臺北
大稻埕城隍廟就職前，曾在此以客神身分見習。神龕前供桌則供奉三
城隍，李增南在世即為其乩童，但今各尊城隍皆已無乩身，由信徒自

31　胡萬川、林培雅編，《臺南市故事集（五）》（臺南：臺南市政府文化局，2013），頁 105-
　　113。

行擲筊（跋桮）請示神意。左右陪祀註生娘娘、福德正神，1973 年又增祀范府千歲。前方配祀文武判官、謝范將軍（七爺、八爺）、兩側分列廿四司，1980 年在東側偏殿又增祀城隍夫人。廿四司的考功司同樣受考生青睞，神前擺滿准考證；七爺神將則是少見的紅臉，頗具威嚴；八爺較為活潑，流傳有一段神蹟：早年附近民眾常會到廟內睡覺，有個林姓居民因躺在該神前而被踹一下，反而讓其腳趾傷口的玻璃屑掉出，隔日就自然痊癒。[32] 另該廟門神也配合城隍爺的形象，為特殊的牛頭、馬面二將軍及捕快衙役，令人有進入森嚴衙門之感。門神及夫人殿的六幅彩繪，皆出自薪傳獎得主陳壽彝（1934-2012）之手，不過因門神牛頭馬面彩繪受損嚴重，而於 2005 年委請藝師潘義明重新仿繪，原作則捐贈給臺南市文資處，在 2022 年經專業團隊修復完成。[33]

安平鎮城隍廟做為當地的公廟之一，最明顯表現在其與十角頭廟共同舉辦的公普活動上。安平的農曆 7 月普度祭典，由該廟於 7 月 4 日率先舉行，其他各廟才接續其後，故流傳有「城隍廟無普，無人敢普」之俗諺。這項公普由該廟負責聘請道士、準備牲醴，執行內場儀式；外場普度則由王城西社、海頭社、十二宮社、港仔尾社、囝仔宮社、灰磘尾社、三鯤鯓

安平鎮城隍廟的門神為牛馬二將軍。

32　胡萬川、林培雅編：《臺南市故事集（五）》，頁 192-197。

33　洪瑞琴，〈臺灣水牛成創作靈感，安平城隍廟「牛頭馬面」門神修護完成〉，《自由時報》，2022 1 13，生活版。

社、華平社、興和宮社、億載社等十角頭，依序輪值負責。在祭典的疏文中，稱當年輪值的角頭社為「爐主」，其餘各角頭社為「頭家」。7月2日早上先在該廟左前方豎起燈篙，7月3日傍晚前往運河畔施放水燈，10個角頭社各有座水燈，並各搭配一燃燒火盆，藉由火光引領水中沉魂滯魄，登岸接受普度。接著再到安平大眾廟廟埕「放山燈」，早年確有施放類似天燈的「山燈」，但現今僅有發送牒文的科儀，藉此邀請「貴雅山」（鬼仔山）的孤魂來參與明日的普度。

農曆7月4日的公普又稱「陰陽醮」。上午舉行祭祀城隍的祈安醮典，即是「陽醮」，包括起鼓、發表、啟請、祀旗、宣經演懺、午供等科儀。下午由道士團引領值年爐主社代表，前往其他公廟及十角頭社各廟參香請神，傍晚再回城隍廟舉行「陰醮」。在普度開香後，先在廟旁空地進行「放赦」科儀，由道長站上高臺向上天祈求赦書，取得後向信眾詔告，再請赦官將赦書送往酆都地獄，展開一場精采的「走赦馬」道士戲。接著進行「牽水轤」科儀，現場設三座「水轤」，下以雞籠加上竹枝象徵水岸，並以白布連至裝滿水的水桶內，象徵通往水牢關之路。工作人員旋轉「水轤」，道士則手持引魂幡，口吹角號，依五方召引水中亡魂，再持法器「破轤」，象徵亡魂破關而出，前來陽間接受超度，不再受水牢之苦。晚上7時舉行普度科儀，由道長為眾鬼魂「放焰口」，再就祭品進行「化食」，使其能飽餐一頓。最後擲筊確認鬼魂皆已飽食，再焚燒金紙財帛、普度紙路及去年的紙糊觀音大士，並將今年的觀音大士迎入廟內奉祀，至此方告圓滿結束。[34]

34　吳明勳，〈安平十角頭社廟宇農曆7月的普度祭典〉，《臺南文獻》4（臺南：臺南市政府文化局，2013/12），頁65-69。

安平公普的「走赦馬」儀式。（黃文博／攝）　　安平公普的「牽水轙」儀式（黃文博／攝）

　　這項安平鎮城隍廟公普因深具無形文化資產價值，而於 2018 年獲登錄為臺南市民俗無形文化資產。登錄理由有三，一是由安平十角頭廟輪任主普，當地居民高度認同，自動自發，從不間斷，反映高度民間之參與性與自主性。二是「城隍廟無普，無人敢普」，反映出該城隍廟之特殊地位；各角頭廟輪任主普，顯示出安平各角頭與城隍廟之特殊關係，以及安平聚落間之凝聚力；普度前之儀式內容，亦與該地之歷史、地理空間、生活文化相結合，深具地方特色。三是民俗傳承迄今至少已一百多年，各角頭廟輪流擔任主普；儀式前之放水燈、山燈、走赦馬、牽水轙等，皆維持舊俗，保留一定的傳統方式。[35]

　　除公普外，當地還有一項十角頭社共同參與，同樣為市登錄民俗的「安平迎媽祖上香山」，城隍廟亦在其中扮演重要角色。這項習俗在清末即有之，每四年一科迎請安平媽祖至海邊「香山」返鄉謁祖，最初「香山」設在北汕尾，戰後改至三鯤鯓（漁光里），主要儀式有「法爺團」唸咒、誦經，恭送媽祖回湄洲祖廟省親進香，再於海邊布兵旗處跪迎媽祖回駕。由於場面盛大，參與者眾多，故流傳有「安平迎媽祖，無奇（旗）不有」、「安平迎媽祖，臺南伏（覆）地（白）虎」、「香山米粉食袂瀉」等俗諺。在每科活動舉行前，安平開臺天后宮人

35　國家文化資產網：民俗 - 臺南市 - 安平區 - 安平鎮城隍廟公普。瀏覽日期：2023/09/15。

員即會至城隍廟恭迎七爺、八爺移駕該廟，再連續三天就迎媽祖路線進行夜巡，稱為「八班夜巡」，目的在掃除妖邪、淨化地方，以確保遶境平安，同時也對外宣告活動即將展開。

　　安平鎮城隍廟因是當地四大公廟之一，交陪對象還是以十角頭社各廟為主，並未加入全國城隍廟聯誼會，僅與全臺首邑縣城隍廟有所往來，農曆 4 月 20 日城隍聖誕會相互祝壽交流。有鑑於早年該廟口為熱鬧市集，但今已冷清沒落許久，廟方乃於 2023 年神誕日晚上首次舉辦「一見大吉」公益市集，希望能藉此逐步找回昔日榮景。現場除有精心挑選的美食與文創攤位外，還有熱鬧的歌舞秀及「跋金錢龜」祈安活動。廟方為此還與文創公司合作，以中爐香灰打造「安平城隍善惡石」，發揚懲惡獎善的精神，也與信眾結緣保平安。雖然這項活動首次舉辦，後續效益仍有待觀察，但已成功跨出轉型的第一步，也讓外界對該廟及地方的未來發展充滿期待。

四、結語

　　安平鎮城隍廟清代臺灣唯一由武官興建的官祀城隍廟，日治時期後又順利轉型為安平地區的公廟，實為見證城隍信仰發展與變遷的最佳案例。本文經由方志文獻的分析，及實際調查廟內文物、訪談廟方人員，梳理出該廟的發展與轉型歷程，也從中思考城隍信仰的制度運作、神格形象、官民互動及儀式活動等問題，歸納以下幾個重點：

　　首先，安平並非府、州、縣層級，按清代制度不應興建城隍廟，但因當地築有熱蘭遮城，依據城隍原指城牆與護城河的自然神屬性，即有建造城隍廟的正當性；加上此地設有臺灣水師協鎮，根據城隍與地方官對應的人格神屬性，由其最高武官興建城隍廟，庇祐軍民守城

護土，亦是合情合理。這種對城隍屬性的擴大解釋，使明清兩代出現許多府、州、縣以外的官祀城隍廟，形成制度規定與實際執行的明顯落差。

其次，安平鎮城隍廟雖為武官所建，歷次修建亦由其負責，但仍有不少文官給予支持，如同有許多地方官依制度所建的城隍廟，駐地武官亦會捐資贊助一般，可見城隍做為一種官方信仰，並無文武官之分。此外，該廟雖屬官祀性質，但至晚於清末已廣受當地船戶居民的信仰與護持，亦被當成民間信仰的廟宇，官民在此有密切的合作與互動，城隍的職能亦不局限於管理冥界、守護城池，還能保祐船戶出海平安、漁獲豐收。

再者，正因為清末即深受船戶居民的信仰，安平鎮城隍廟才能在失去官祀身分後，隨即轉型為民間信仰的廟宇。尤其當時安平地區已形成六社，各社皆有自身的角頭廟，原是官祀性質的城隍廟，自然能成為各社共有的公廟。該廟除在醮儀中與各角頭廟保持「交陪境」的關係外，還藉由每年的公普活動，將各角頭廟整合成一體，並透過「安平媽祖上香山」中的「八班夜巡」，展現其做為公廟的地位與責任。

最後，雖然安平鎮城隍廟經歷官祀到民祀的轉型過程，但城隍神做為冥界行政官的形象與職能並未改變，這也是其主導當地的公普活動，並在「上香山」中負責夜巡的原因所在。又在民間信仰的觀念中，疾病常來自於鬼魂的干擾，也因此管理鬼魂的城隍往往能為人治病，這從安平城隍的乩童表現中亦能見之。此外，從該廟的匾額及文武判官、謝范將軍、牛馬將軍、捕快衙役等配祀神，亦能看見冥界行政官的形象依然鮮明。

【參考書目】

（一）古籍文獻

王必昌編纂，《重修臺灣縣志》。臺北：臺灣銀行經濟研究室，1961。

黃仲昭修纂，《八閩通志》。福州：福建人民出版社，1989。

陳文達編纂，《鳳山縣志》。臺北：臺灣銀行經濟研究室，1961。

謝金鑾、鄭兼才合纂，《續修臺灣縣志》。臺北：臺灣銀行經濟研究室，1962。

林豪纂輯，《澎湖廳志》。臺北：臺灣銀行經濟研究室，1963。

臺灣銀行經濟研究室編，《臺灣南部碑文集成》。臺北：編者，1966。

盧德嘉纂輯，《鳳山縣采訪冊》。臺北：臺灣銀行經濟研究室，1960。

臺灣銀行經濟研究室編：《清德宗實錄選輯》。臺北：臺灣銀行經濟研究室，1964。

（二）近人專書

何培夫編，《臺灣地區現存碑碣圖誌‧高雄縣市篇》。臺北：國立中央圖書館臺灣分館，1995。

林勇，《臺灣城懷古續集》。臺南：臺南市政府，1990。

胡萬川、林培雅編，《臺南市故事集（五）》。臺南：臺南市政府文化局，2013。

溫國良編譯，《臺灣總督府公文類纂宗教史料彙編：明治二十八年十月至明治三十五年四月》。南投：臺灣省文獻委員會，1999。

鄭喜夫、莊世宗編，《光復以前臺灣臺灣匾額輯錄》。南投：臺灣省文獻會，1988。

濱島敦俊著，朱海濱譯，《明清江南農村社會與民間信仰》。廈門：

廈門大學出版社，2008。

增田福太郎著、古亭書屋編譯，《臺灣漢民族的司法神》。臺北：眾文圖書公司，1999。

（三）期刊與專書論文

吳明勳，〈安平十角頭社廟宇農曆 7 月的普度祭典〉，《臺南文獻》4（臺南：臺南市政府文化局，2013/12），頁 56-75。

張傳勇，〈明清陝西城隍考——堡寨與村鎮城隍廟的建置〉，《中國社會歷史評論》11（天津：南開大學中國社會史研究中心，2010），頁 62-83。

張傳勇，〈明清山東城隍廟"異例"考〉，《聊城大學學報（社會科學版）》6（山東：聊城大學，2004），頁 48-54。

梅慧玉，〈「交陪境」與禮數——以臺南市安平區的二次醮儀為例〉，收於莊英章、潘英海編，《臺灣與福建社會文化研究論文集（三）》（臺北：中央研究院民族學研究所，1996），頁 145-177。

（四）報紙

洪瑞琴，〈臺灣水牛成創作靈感，安平城隍廟「牛頭馬面」門神修護完成〉，《自由時報》，2022/01/13，生活版。

從史料探索臺灣府郡城（臺南）福康安等功臣祠與御碑

陳俊宏 *

摘要

　　清領初期，臺灣社會抗官事件頻率可用「三年一小反、五年一大亂」來形容，在諸多民變中，以清乾隆 51 年（1786）11 月所發生「林爽文糾眾聚亂事件」規模最大，事件平定後之檢討，鑒於臺灣民變頻繁及海外用兵軍費所耗不貲，為恐民變再生、警惕臺民及明慎用兵、優獎勤勞，除了在廈門樹立御製詩所篆刻的八座御碑外，同時於臺灣府郡城（今日臺南市）及諸羅縣治（今日嘉義市）建福康安等諸功臣祠及御碑共計十座，功臣祠及御碑成為臺灣史重要的歷史事件見證。

　　時至今日，福康安等功臣祠歷經兩百多年歲月及城市興起，早已消失不復見，本文擬由史料記載，探索昔日位於臺灣府郡城內之福康安等功臣祠時空轉變，規模與位置及城池圖中僅有昭忠祠，並未發現功臣祠的疑竇，除了提供史料應用的認知與手法外，獲致的結果，可以成為歷史事件所引發之經驗、教訓與聯想。

　　同一時期之御碑，仍屹立郡城臺南、嘉義、廈門等三地，因郡城臺南與廈門兩地御碑形制、數量與內容相仿，探索郡城御碑時，

也同文探討廈門御碑空間位置御碑亭形制及保存現狀，藉以比較兩地史蹟時至今日的現況，史料發現廈門的御碑，現在雖有碑亭保護，並於 1982 年列為廈門市第二批文物護，但形制上因為缺少贔屭碑座及現代化碑亭，已失去懷古意境，與現存臺南赤嵌樓的御碑比較，則遜色不少，此一結果，更顯現存於臺南御碑之重要性，進一步進行文化資產保護文物已刻不容緩。

關鍵字：臺灣府郡城、林爽文糾眾聚亂事件、福康安、福康安等功
　　　　臣祠、御碑

＊　　國立中正大學歷史學系暨研究所博士班研究生

一、前言

　　近年來臺灣本土化思維提昇，帶動臺灣文史研究風氣的興起，許多地方史料、史蹟不斷的被提出探討，史料與文獻的應用，則成為探討歷史、史蹟的基礎，常用的史料，包含地方志書、圖繪、文章、詩詞、碑碣、書刊、報紙、網路多媒體等等，種類繁多，內容包羅萬象，應用範圍廣泛，所呈現的方式及論述也各異，但不諱言的是史料正用可以減少杜撰的傳說，讓歷史真相趨近事實，對於史蹟產生的時間與空間變遷，提供佐證及論述，為現今社會、文化活動、族群認同提供借鏡。

　　臺南自荷蘭時期 1624 年設治迄今已近 400 年，是荷蘭時期先民渡海來臺發展的主要地區，鄭氏時期跟隨鄭成功自中國來臺灣的兵丁、眷屬，也以此地為中心向外拓墾，清康熙 23 年（1684）4 月臺灣正式納入大清帝國版圖，隸屬福建省轄下並設一府（臺灣府）、三縣（臺灣、諸羅、鳳山縣），臺灣府的郡城即設於今日臺南，因此臺南可謂是各時期臺灣政治、經濟、文化與教育首善之區，除了擁有許多屬於臺灣歷史的史料、文化、遺址、古蹟之外，也是臺灣歷史、社會、文化演變的見證及研究不可或缺的區域。

　　本文擬探索清領初期臺灣府郡城（臺南）福康安等功臣祠（亦稱功臣祠或生祠）及御碑，係「林爽文糾眾聚亂事件」（以下簡稱「林爽文事件」）弭平後奉旨設置於郡城臺南，隨著歲月及空間背景轉換，福康安等功臣祠已圮毀，現今存留在赤嵌樓的御碑，則成為臺南設治 400 年的重要史蹟及歷史事件見證之一，有關林爽文事件的

研究繁多，其歷史定位究竟是天地會密謀叛亂或民眾抗官，或起義或族群械鬥引起，兩岸學界有不同的見解，例如劉平〈林爽文起義原因新論〉、[1] 曹鳳祥〈乾隆地出兵平定林爽文起義戰略〉、[2] 莊吉發《清代臺灣會黨史研究》、[3] 許毓良之〈清代臺灣民變中的港口攻防——以林爽文事件為例〉[4] 等人，引用文獻及研究論述探討事件不同面向，而福康安於事件中的功績，在昔日學者前輩研究中亦有不同論述與歷史定位，但對福康安等功臣生祠及御碑則較少論及，因此本文藉由較常應用、容易蒐集的史料，呈現福康安等功臣祠與御碑產生時間與空間轉變，提供讀者對現存的史蹟歷史背景，有系列的情境認知與想像。

二、功臣祠與御碑產生之背景——民變頻仍的年代

臺灣孤懸海外，歷代以來多為海盜聚集及外人所佔領，明代末期更是反清復明基地，清廷之所以攻取臺灣主要目的，係為消滅如芒刺在背的鄭氏時期反清勢力，因此臺灣雖然納入版圖，當權者對於臺灣深具流動性的移墾社會，產生的疑慮、誤解且防備之心仍未消除，例如清康熙 23 年（1684）頒佈之《欽定兵部處分則例》〈綠營卷十二〉[5] 採取嚴格限制中國入臺灣，其中包含：無照民人偷渡過臺灣、查驗民人眷屬

1　劉平，〈林爽文起義原因新論〉，《清史研究》01，（北京，中國人民大學，2000/01），頁92-99。

2　曹鳳祥〈乾隆帝出兵平定林爽文起義戰略〉《陝西廣播電視大學學報》04，（陝西，陝 西大學，2002/04），頁 36-40。

3　莊吉發，《清代臺灣會黨史研究》（臺北：南天書局，1999）。

4　許毓良，〈清代臺灣民變中的港口攻防 - 以林爽文事件為例〉，《臺南文化季刊》48（臺南，臺南市文獻委員會，2000/03），頁 1-8。

5　臺灣史料集成編輯委員會編，《明清臺灣檔案彙編》，（臺北：中華文化復興總會、國立臺灣大學圖書館、遠流出版事業，2006）（第九冊），頁 57-58。

過臺灣、臺灣船隻私越口岸等禁令，使中國偷渡者眾、臺灣社會基層男女失衡、羅漢腳、娼賭充斥，造成社會治安另一隱憂，臺灣府郡城臺南直至清乾隆 53 年 5 月方核准建夯土城牆、治理臺灣之官員多由福建分巡、任期短等現象，均可見清領時期對臺灣治理的心態。

清領初期福建駐臺官員 [6] 包含福建分巡臺灣廈門兵備道（清雍正 5 年改為福建分巡臺灣道）、巡臺御史、知府、海防糧補同知、經歷司、知縣、巡檢、縣丞、儒學教授、教諭等官吏，武衛部分主要以綠營為主，設臺灣鎮總兵下轄副將、游擊、參將、都司、守備、千總、把總等中下級武官，配有綠營官、兵約一萬名，為了避免官員勾結地方仕紳，知縣以上官員由非本地籍官員輪流派任，綠營兵丁也非臺灣籍，官員、兵丁每三年輪換一次、不得攜眷、任滿回籍，由於任期甚短，施政具體成效無法立竿見影，若監督機制不全時就容易上下其手，此間雖也有用心治臺之官員，但仍只是少數，各階層貪得無厭的結果，臺灣人民將當時駐臺灣官員、兵丁形容：「三年報罷，滿載而歸」，另為求族群區域平衡，官員多以消極式管理，放任漳、泉、粵等族群爭地、爭水、爭港等族群械鬥事件發生，社會間相互充滿猜忌、缺乏互信，抗拒官府事件層出不窮，而官府為了箝制民變及抗官事件的發生，大多採取不切實際的高壓擾民手法，及頒布一連串專斷獨裁限制政策來防堵，政策限制得越多，移民在臺灣謀生更顯不易，民怨及情緒反彈則日益上昇，光是 17、18 世紀間，根據統計較大民變及抗官事件，包括清康熙 60 年（1721）府城鴨母王朱一貴（1690-1722）起事、清乾隆 33 年（1768）岡山黃教（？-1769）糾眾起事、清乾隆 51 年（1786）彰化林爽文（1756-1788）、鳳山莊大田（1734-1788）結

6　　［清］蔣毓英著，《臺灣府志》，（南投：國史館臺灣文獻館，2002），〈卷八・官制〉，頁 105、頁 109。

合天地會聚亂等抗官事件發生，對於臺灣的抗官事件發生，朝廷接獲地方官員奏摺時，大多採信地方官員不實及爭功諉過的片面說詞，或將亂事歸咎於臺灣社會結構問題，對於失職官員則不加細查，甚至有因平亂屢獲升遷，如此忽略民怨及問題本質與地方官府恣意妄為的結果，就是激起一次又一次民變，其中以「林爽文事件」為規模最大。

三、功臣祠與御碑產生之前因——林爽文事件概述

清乾隆 51 年（1786）11 月由彰化林爽文發動並結合南路莊大田抗官之「林爽文事件」，為清領時期臺灣三大反清事件之一，[7] 也是規模最大的民變，事件爆發後，乾隆皇帝（1711-1799）急調各省精兵勇將，渡黑水溝赴臺灣平亂，福康安諸功臣祠及御碑即在林爽文事件平定後奉諭設置，故本文僅就事件相關之官方史料概略引述。

（一）事件導火線

臺灣納入清朝版圖歷經康熙（1662-1722）、雍正（1723-1735）、乾隆（1736-1795）三朝治理，文獻中朝廷對臺灣社會仍多以五方雜處之區、風俗刁悍、化外之地稱之，地方管理偏差，械鬥爭議不斷，官員多採消極，[8] 中央所撥之經費，在層層剝削及苛扣、佔空額情況嚴重、吏治敗壞貪瀆受賄、中飽私囊、[9] 糧餉不足以餬口，縱容兵弁私營妓館、賭館、放高利貸、販賣私鹽營生，軍紀敗壞、兵源不

---

7 清領時期發生於臺灣之三大反清事件，分別為清康熙 60 年（1721）朱一貴反清事件、清乾隆 51 年（1786）林爽文反清事件、清同治元年（1862）戴潮春反清事件等。

8 臺灣銀行經濟研究室編著，《清高宗實錄選輯》（南投：臺灣省文獻委員會，1997），頁 322，乾隆 52 年正月 14 日癸未，上諭。

9 臺灣銀行經濟研究室編著《清高宗實錄選輯》，頁 506-508，乾隆 52 年 12 月 16 日已酉，上諭。

足，缺乏訓練、缺乏戰力等等現象，[10] 屢屢可見，人民赴臺拓墾卻面臨種種困境，失望之餘則容易受鼓動抗官，歸納林爽文事件導火線約略有三：

1. 清乾隆 48 年（1783），漳州人嚴烟（？-？，亦名嚴撰）將天地會傳入臺灣，在臺灣的天地會，為掩飾組織防止官府整肅，改名稱為「添弟會」，[11] 天地會相傳為清乾隆 26 年（1761）由漳州人俗名鄭開的萬提喜僧人（？-1779）所創，係以「人生以天地為本」及「反清復明」為宗旨，入會後指天為父、拜地為母，兄弟相稱故稱「天地會」，同為漳州人林爽文因結識嚴烟成為會眾之一，夥同秘密結社，伺機抗清。

2. 清乾隆 48 年（1783）楊功懋（？-？）、楊功寬（？-？）兄弟爭奪家產，私自結合會黨，造成天地會眾為劫囚擊殺官弁，據清乾隆 51 年（1786）9 月水師提督黃仕簡（1722-1789）上奏後獲得諭示：

> 諸羅縣奸民捐貢楊功懋（即楊光勳）、監生楊功寬（楊媽世）兄弟二人爭財起釁，個立會名（楊媽世自設雷光會），糾眾樹黨……該汛把總陳和拏獲會匪張烈一名，夥黨搶奪，陳和被殺……，各犯楊功懋等五十餘名，從重辦理。[12]

此一兄弟爭產事件被定位為會黨之亂，官府立即展開緝拿天地會眾，並縱容士兵當街隨意拘捕數十人以充數，引起社會恐慌。

3. 清乾隆 51 年（1786）11 月，臺灣道尹永福（？-？）、知府孫

10　臺灣銀行經濟研究室編著，《清高宗實錄選輯》，頁 538-542，乾隆 53 年正月 23 日丙戌，上諭。
11　遠流臺灣館編著，《臺灣史小事典》，（臺北：遠流出版事業公司，2012），頁 59。
12　臺灣銀行經濟研究室編著，《清高宗實錄選輯》，頁 310。

景燧（？-1787）得知天地會的活動，密令彰化知縣俞峻（？-1787）、北路副將赫生額（？-1787）、游擊耿世文（？-1787）等人率領兵丁前往緝捕，因抓捕無辜的民眾，焚毀與本案無關之房屋村落，再度引起民怨與恐慌。[13]

鑒於官府接二連三濫捕、傷及無辜等因素影響，清乾隆 51 年 11 月 27 日林爽文趁此民怨，糾集天地會眾林泮、王芬（亦稱王勳）等人，鼓吹煽動民眾攻陷大墩及彰化縣城，依據閩浙總督常青於清乾隆 51 年 12 月 27 日丙寅奏：

> 臺灣彰化縣賊匪林爽文結黨擾害地方，十一月二十七日知縣俞峻在大墩拏賊遇害。[14]

在俞峻、赫生額、耿世文、孫景燧等官員先後遇害，林爽文等夜襲大墩、攻彰化、破諸羅、圍臺灣府郡城、僭號順天，影響範圍逐漸擴大。

（二）兵燹擴大與弭平

事發之初，原是以「抗官」為主要訴求，企圖替被腐敗官員壓迫[15]的百姓順天行道，因此獲得不少地區居民及羅漢腳加入，加以朝廷錯估形勢、[16]官員、兵丁畏戰不前、[17]兵力不足 7500 名[18]等因素催化

---

13 臺灣史料集成編輯委員會編，《明清臺灣檔案彙編》（第三十五冊）（臺北：國立歷史博物館、臺大圖書館、遠流出版事業，2007），頁 192，林爽文等供詞。
14 臺灣銀行經濟研究室編著，《清高宗實錄選輯》，頁 311-312。
15 臺灣銀行經濟研究室編著，《清高宗實錄選輯》，頁 508，乾隆 52 年 12 月 16 日己酉，上諭軍機大臣。
16 臺灣銀行經濟研究室編著，《清高宗實錄選輯》，頁 329-330，乾隆 52 年正月 29 日戊戌，上諭。
17 臺灣史料集成編輯委員會編，《清代臺灣關係諭旨檔案彙編》，（臺北：行政院文化建設委員會、遠流出版事業，2004），（第二冊），頁 306，乾隆 53 年 2 月初一日甲午，上諭。
18 臺灣銀行經濟研究室編著，《清高宗實錄選輯》，頁 538-539，乾隆 53 年正月 23 日丙戌，上諭軍機大臣。

下，涉及範圍擴及臺灣西部各府、廳、縣，清乾隆先後派遣柴大紀（1732-1788）、黃世簡、任承恩（？-1790）、常青（1713-1793）、李侍堯（？-1788）、藍元枚（1736-1787）等官員，及徵調四萬餘兵力增援臺灣，但仍無法弭平亂事，[19] 清乾隆 52 年（1787）8 月初二日丁酉詔令福康安（1753-1796）於熱河行宮，委以重任令其集結海蘭察（1740-1793）及湖南、貴州、廣西、貴州等地綠營官兵渡海平亂，在清乾隆 53（1788）年 2 月初四日丁酉於柴城（現今屏東車城）捕獲南路莊大田及其黨羽 40 餘名後，參與民變各分股勢力瓦解，事件平定，[20] 依據清李元春著《臺灣志略 .卷二兵燹》中記載：

> 乾隆五十一年（丙午）冬十有一月，北路賊林爽文謀亂，陷彰化、淡水、諸羅；南路賊莊大田應之，陷鳳山。五十二年春正月，提督黃仕簡、任承恩引兵勦之，弗克。三月，詔以兩廣總督常青、江南提督藍元枚帥師勦賊。賊弗靖，元枚卒於軍。冬十月，大學士陝甘總督嘉勇侯福康安、超勇侯海蘭察奉旨率師勦賊。五十三年春正月，平之，賊伏誅。[21]

（三）後續發展

　　事件平息後，從朝廷相關奏摺史料顯示，乾隆帝獲知擒獲事件主從要犯時，急於想知道何人所擒獲的硃批，[22] 所獲的印記、軍械、旗

19　臺灣銀行經濟研究室編著，《清高宗實錄選輯》，頁365-367，乾隆52年3月21日己丑，上諭。

20　［清］謝金鑾、鄭兼才編，《續修臺灣縣志》（南投：國史館臺灣文獻館，1993），〈卷5外編〉兵燹，頁373-379。

21　［清］李元春，《臺灣志略》（臺北：臺灣銀行經濟研究室，1958），卷2，〈兵燹〉，頁66。

22　臺灣史料集成編輯委員會編，《明清臺灣檔案彙編》（第34冊），頁267，乾隆53年正月初四日，協辦大學士福康安等，「爲奏生擒逆首林爽文恭摺馳報事」。

幟、首要人犯解京，[23] 且對福康安、海蘭察等迅速平亂深感喜悅及期許，依據清乾隆 53 年（1788）3 月初五日丁卯上諭：

> 此次福康安等統率官兵前往臺灣剿捕賊匪，未及兩月即將首逆林爽文生擒解京，大功指日告竣；固由福康安等調度有方、所向克捷，而將弁兵丁等隨同剿捕亦俱爭先效命，用能掃逆擒渠、妥速集事，殊屬可嘉。[24]

同年（1788）3 月 11 日癸酉上諭軍機大臣等，立碑碣、碑亭各設三座於臺灣府郡城及廈門兩處，[25] 此外諸羅縣易名嘉義縣、[26] 平亂官員、兵丁獎懲撫恤、[27] 乾隆 53 年 5 月臺灣府郡城改建夯土牆、[28] 戰圖繪製、[29] 後續臺灣治理政策委由軍機大臣會同福康安檢討、[30] 臺灣府郡城（臺南）及諸羅縣城（嘉義）立福康安等功臣生祠[31] 等，先後成為「林爽文事件」的歷史見證。

四、探索郡城臺南福康安等功臣祠與御碑

民間地方對官員、鄉賢立生祠、碑碣崇祀的做法，遠在漢代即有

23　臺灣史料集成編輯委員會編，《清代臺灣關係諭旨檔案彙編》，（第二冊），頁 386，乾隆 53 年 7 月 9 日己巳，上奏。

24　臺灣銀行經濟研究室編著，《清高宗實錄選輯》，頁 555。

25　臺灣銀行經濟研究室編著，《清高宗實錄選輯》，頁 575。

26　臺灣史料集成編輯委員會編，《清代臺灣關係諭旨檔案彙編》，（第二冊），頁 168，乾隆 52 年 11 月 3 日丙寅，上諭。

27　臺灣史料集成編輯委員會編，《明清臺灣檔案彙編》，（第 36 冊），頁 80，乾隆 53 年 4 月 26 日協辦大學士福康安等，「爲奏遵旨賞給兵丁銀兩事」奏摺。

28　臺灣銀行經濟研究室編著，《清高宗實錄選輯》，頁 600-601，乾隆 53 年 5 月 2 日癸亥，上諭。

29　臺灣史料集成編輯委員會編，《清代臺灣關係諭旨檔案彙編》，（第二冊），頁 425，乾隆 53 年 8 月 4 日，上奏。

30　臺灣史料集成編輯委員會編，《明清臺灣檔案彙編》，（第 36 冊），頁 327-337，武英殿大學士阿桂（等）乾隆 53 年 6 月 22 日「爲奏核議臺灣善後事宜」議奏。

31　臺灣史料集成編輯委員會編，《清代臺灣關係諭旨檔案彙編》，（第二冊），頁 310。

出現，唐、宋兩朝開始興盛，尤其是宋代更是生祠林立、建祠風氣日益普遍，綜觀唐代到明代，地方立生祠之形式、意義，大多是為頌揚地方官員而興建，主要意義乃對生祠祭祀對象的功德事蹟加以稱頌，祈福延壽、安定民心等作用。

歷朝立祠、碑的制度，隨政治、社會風氣而有所不同，各地做法亦有合法性問題，唐、宋時期對於建立生祠、碑碣均有一套呈請設立的制度及程序，元代則取消建祠必須呈官方核准的規定，而明代雖有「禁現任官輒自立碑」之禁令，但仍有許多類似「魏忠賢祠堂」崇拜現象，顯見建祠、立碑禁令並未被嚴格執行，清初對於遠離原鄉派駐臺灣的官員，任滿返回原籍時，地方百姓感念其施政功績，多以建立生祠或長生祿位以茲紀念，例如名宦祠、高公祠、施公祠、施將軍祠、鄉賢祠、陳璸長生祿位等等，後期雖有明令禁建生祠，但因特殊功績而奉旨設立如福康安等功臣生祠等，則不在此限，換言之，建生祠、立碑碣的做法，在沒有獎狀及勳章的年代，是皇帝恩賞、戰功炫耀、政績及節操肯定的一種方式。

（一）恩賞與威嚇下的產物——福康安等功臣生祠

檢視史料記載，歷朝歷代對民亂事件都會給予歷史定位，一方面昭示炯戒、警惕民心，一方面顯示皇權教化及文治武功，這些都可以從史料的諭示以及優獎勤勞措施中顯現，林爽文事件平定後亦不例外。

依清乾隆 53 年（1788）2 月初四日丁酉上諭：

> 臺灣逆匪林爽文等糾眾滋事一案，現已生擒逆首剋期蔵功，此事自常青接辦後株守郡城，已及半載，朕料此事必非常

青所能辦理完結，是以預令福康安前赴熱河，面授方略，速往臺灣督辦，並先機籌畫調撥四川屯練及湖南貴州官兵六千，陸續進發。

福康安調度有方，用心周密，真能不負任使，全朕用人顏面，朕心深為嘉許。[32]

福康安於鹿仔港（今日鹿港）登陸後，旬月間調集官兵迅速克敵，其是否真如上諭所述，因其調度有方用心周密或其英勇神武、指揮若定，亦或收割常青、李侍堯等將領的成果，或者是林爽文內部自亂，在歷史學界亦有不同的認定，但就官方史料中所呈現的，是乾隆自詡識人善用、用人得當，掌握先機，加以福康安調度有方，眾將不負所託，王師奮勇克敵致勝，迅速平亂，紓解朝廷焦慮，其內心欣喜不在話下，在《御製福康安奏報生擒莊大田記事語》記述：

自朱一貴起事，至臺灣全郡平定，始末閱兩年。茲林爽文於五十一年十一月起事，其黃仕簡等前後誤事經一年，福康安等於上年十一月，由鹿仔港始進兵。

至本年正月獲林爽文計閱四十二日繼獲莊大田，計閱三十二日。自林爽文起事至臺灣全郡平定計閱一年三月。事較之藍廷珍等成功更為迅速矣。[33]

在乾隆帝的認知，林爽文事件迅速弭平，其功已超過康熙朝平

32　臺灣史料集成編輯委員會編，《清代臺灣關係諭旨檔案彙編》，（第二冊），頁311。
33　臺灣銀行經濟研究室編著，《清高宗實錄選輯》，頁578-579。

定「朱一貴事件」，故將此事件靖亂事蹟列為乾隆朝「十全武功」[34]之一，也是唯一與臺灣有關的事蹟，可見乾隆帝對事件能在福康安渡臺後三個月平亂的效率，是滿意與自豪的，同時隱約可見當權者征服及自我誇耀的心態。

另臺灣地隔重洋、五方雜處、民風刁悍，若不明示威武，恐民人等事過即忘，不足令其怵目儆心，故雖為地方官員建立生祠係屬陋習，朝廷曾經飭禁，但在清乾隆 53 年（1788）2 月初二日乙未，仍上諭建福康安等功臣生祠：

> 於臺灣郡城及嘉義縣兩處共建生祠，塑立像貌，俾該處民人望而生惕，日久不忘以示彰癉之意。[35]

功臣祠內供奉福康安、海蘭察、普爾普（？-1790）、鄂輝（？-1798）、舒亮（？-1798）等五位平亂勇略最著者之木牌及畫像，在福建巡撫徐嗣曾（？-1790）同年（1788）8 月 19 日奏請將功臣祠與御碑亭，共建一處奏摺覆核時，亦准予徐嗣曾、李侍堯等一體列入祠中，[36]以示優獎勤勞之意。

御碑亭有四座亭樓，陳設滿、漢文體刻製的御碑八座，連同清乾隆 53 年 8 月 19 日己酉上諭，命內閣將所撰「命於臺灣建福康安等功臣祠詩以誌事」以滿、漢文字合刻一碑，共計九座碑刻與贔屭碑座，立於通往郡城南門官道之功臣祠前，讓欲為亂者有所警惕，望而生畏不敢輕啟亂心，同時獎勵功臣事蹟、彰顯天威，提醒後世子民時刻不

34　清乾隆 57 年乾隆皇帝親撰《十全武功記》，將其威震四海的十件軍事行動稱為「十全武功」，包含「平定準噶爾二回，回部一回，掃平大小金川二回，弭平臺灣林爽文之亂為一，降服緬甸、安南各一回，接受廓爾喀受降二回」。乾隆皇帝因而自詡「十全老人」。

35　臺灣史料集成編輯委員會編，《清代臺灣關係諭旨檔案彙編》，（第二冊），頁 310。

36　臺灣銀行經濟研究室編著，《清高宗實錄選輯》，頁 633，乾隆 53 年 8 月 19 日戊申，上諭。

忘前車之鑑，因此福康安等功臣祠及御碑，除了代表恩賞外，主要還是皇威宣揚，可說是皇權恩賞與威嚇下的產物。

（二）福康安等功臣祠空間轉變與昔今

經歷 230 餘年時空及城市建設轉變，地形地貌多有更佚，而林爽文事件後奉旨設立之功臣祠具體的位置、建築規模及存廢，在史料卻鮮少呈現，引起後人有頗多揣測，但隨著史料種類增加、堆疊圖層技術進步、準確性遞增，可藉相關史料應用呈現福康安等功臣生祠的位置與空間意象，以窺探功臣祠昔今。

1. 功臣祠的具體位置：

史料中功臣祠位置，在清道光（1782-1850）元年（1821）《續修臺灣縣志》記載：

功臣祠（亦名生祠）在寧南坊郡學宮之南，西向。乾隆五十三年，奉敕建。道光元年附置昭忠祠，略加修飾。[37]

另在連橫《臺灣通史・典禮志》中亦有功臣祠之撰寫：

臺南府：功臣祠：在寧南坊文廟之南，向西。乾隆五十三年敕建，供林爽文之役平臺功臣牌位。[38]

又清同治 7 年（1868）《福建通志臺灣府》〈下〉記載：

功臣祠在寧南坊郡學宮南，西向。乾隆五十三年，奉旨建，祀平臺大將軍福康安，參贊大臣海蘭察，成都將軍鄂輝，護軍統領普爾普，舒亮，閩浙總督李侍堯，福建巡撫曾嗣堯，

37　[清]謝金鑾、鄭兼才編，《續修臺灣縣志》卷 2〈政志〉，壇廟，頁 67。

38　連橫，《臺灣通史》（臺北：臺灣通史社，1920）〈典禮志〉，頁 200。

道光元年附置昭忠祠，前兩列兩御碑亭，東西相向。[39]

　　說明福康安等功臣祠確實設立於寧南坊學宮（現今臺南孔廟）南，為坐東向西之建築。

2. 功臣祠的建築空間與形態：

　　依據清乾隆 56 年（1791）10 月 17 日戌午，工部〈為移會閩浙總督伍拉納等奏「為臺灣納建造御製文碑亭並功臣生祠應須撥銀款事」〉移咨奏摺中，有關郡城福康安等功臣祠之敘述如下：

> 前建頭門一座，中建方亭一座，豎碑四通，恭勒御製平定臺灣告成熱河文廟碑文、御製平定臺灣二十功臣像贊序，共滿、漢文四道，左建六角亭一座，豎碑二通恭勒御製剿滅臺灣逆賊生擒林爽文紀事語，滿、漢文二道、右建六角亭一座，豎碑二通恭勒御製福康安奏報生擒莊大田紀事語，滿、漢文二道，碑後接建功臣生祠頭門一座，兩邊遊廊二所，後建正祠一座兩邊廂房二所，祠前另建六角亭一座豎碑一通，恭勒命於臺灣建福康安等功臣祠詩以誌事詩，滿、漢文合刻一道，周圍概築花牆，外統砌磚牆。[40]

　　依據工部所形容之功臣祠建築構造及御碑陳列模式，繪製成模擬圖（如圖 1）。

39　［清］林振棨、王景賢編，《福建通志臺灣府志》（臺北：臺灣大通書局，1966），頁 116。

40　臺灣史料集成編輯委員會編，《明清臺灣檔案彙編》，（第四十冊），頁 243-244。

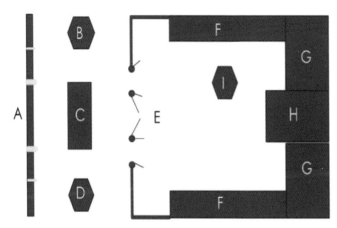

A. 頭門
B. 福康安奏報生擒莊大田紀事語碑
C. 評定臺灣告成熱河文廟碑、二十功臣像贊序碑
D. 逆賊生擒林爽文紀事語碑
E. 功臣生祠頭門
F. 遊廊
G. 廂房
H. 功臣生祠
I. 建福康安等功臣祠詩以誌事碑

圖1：府城福康安等功臣祠虛擬圖。（資料來源：陳俊宏繪製）

　　有了功臣祠位置及建築規模，對比《續修臺灣縣志》中之府城圖（如圖2），在寧南坊僅有清嘉慶7年（1802）修建之昭忠祠一所，並未發現功臣祠。

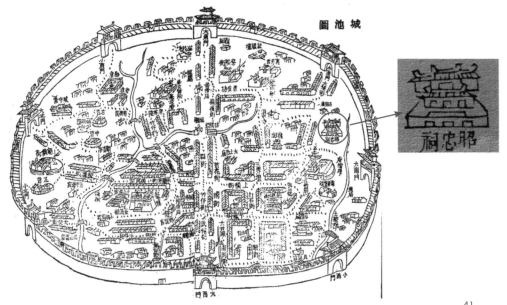

圖2：《續修臺灣縣志》城池圖之昭忠祠。（資料來源：《續修臺灣縣志》，1807，城池圖）[41]

41　［清］謝金鑾、鄭兼才編，《續修臺灣縣志》〈臺灣縣全圖〉，頁5。

複查昭忠祠，依據《續修臺灣縣志》記載：

> 昭忠祠：在功臣祠側。嘉慶七年奉諭旨：各直省一體建昭
> 忠祠，祀諸陣亡者；官員正面、兵丁旁列，以五十人為一牌。

> 御碑亭，東西相向。今亭圮碑存、外三門及圍牆亦盡圮，
> 前層滲漏剝落，雕鏤細工修補尤難。[42]

說明昭忠祠與功臣祠位置相鄰，此一時期昭忠祠依附在功臣祠
旁未置座設位，清嘉慶 11 年（1806）祠內也僅供奉海盜蔡牽侵擾臺灣
一案陣亡官兵牌位，另同文顯示清道光元年（1821）的功臣祠與御碑
亭已圮敗，且修補困難，並於昭忠祠完竣之次年也略為整修，清嘉慶
25 年（1820）昭忠祠於功臣祠正廳之旁，左為昭忠東祠、右為西祠，
並將朱一貴、林爽文、蔡牽等案陣亡官兵奏冊入祀，可見功臣祠位置
與功臣祠應同為一處。

另依據清光緒 18 年（1892）《臺灣通志》記載之清道光 30 年
（1850）徐宗幹（1796-1866）等所撰 <昭忠祠記>：

> 謹將昭忠祠正殿供奉長生祿位，並東西殿殉難文武各官銜
> 名，暨陣亡各勇丁姓名，開列清冊，送呈憲閱。[43]

計開的清冊中，原列於功臣祠內之福康安、海蘭察等長生祿位
卻赫然在清冊之中，可見道光三十年「昭忠祠」與「功臣祠」已合而
為一，據此推論《續修臺灣縣志》府城圖之昭忠祠即為功臣祠。

為進一步探索功臣祠（昭忠祠）及御碑亭位置，清同治 13 年

42　［清］謝金鑾、鄭兼才編，《續修臺灣縣志》卷 2〈政志〉，壇廟，頁 67-72。
43　賴志彰、魏德文著，《臺南四百年古地圖集》（臺南：臺南市政府文化局，2018），〈臺灣 府城街道全圖〉。

（1874）福州船政局魏翰等人所繪製《臺灣府城街道全圖》（圖 3），以御碑亭為中心，孔廟、大南門、開山神社三點為基礎及《臺南市街道圖》堆疊後，推估昔日功臣祠及御碑亭位置，應於現今臺南市府前路德化堂旁舊官道延伸至建業街之間官道東側，採坐東向西（圖 4 標示之處），而《臺灣府城街道全圖》所標示御碑亭位置及陳列方式，與工部移咨奏摺方位、內容不同，研判應為繪圖標示方式差異。

圖 3：御碑亭位置；臺灣府城街道全圖（1875）。（資料來源：臺南四百年古地圖集）[44]

圖 4：福康安等功臣祠位置疊圖；功臣祠概略位置由作者標示。[45]

　　功臣祠與昭忠祠合而為一後，續存的昭忠祠，並無傾倒或拆除記載，1875 年《臺灣府城街道全圖》卻只有御碑亭，並無功臣祠或昭忠祠標示，顯見兩祠應已傾毀或他用，佐以臺南文史研究資料庫收錄〈南市科舉人物詩文輯〉附註：

　　　　昭忠祠　祠在府治功臣祠畔，光緒十四年（1888），改建于右營埔，今毀。[46]

44　賴志彰、魏德文著，《臺南四百年古地圖集》（臺南：臺南市政府文化局，2018），〈臺灣 府城街道全圖〉。

45　資料來源：http://gissrv4.sinica.edu.tw/gis/tainan.aspx

46　賴子清，《南市科舉人物詩文輯》（臺南：臺南市政府，1959），臺南文化季刊第 6 卷第 4 期，頁 80。

　　惟文中提及「昭忠祠在府治功臣祠畔」似有爭疑，因《臺灣通志》記載昭忠祠與福康安等功臣祠，早在道光年間（1821-1850）合而為一，換言之，因林爽文事件於郡城臺南所興建的功臣祠及清嘉慶7年間修建的昭忠祠，依上述文獻推論應更早在清光緒元年（1875）前已圮毀、改建，且福康安等功臣祠應更早於昭忠祠損毀，方有合而為一之說。

（三）福康安等功臣祠前御碑形制

　　除功臣祠外，清乾隆53年3月11癸酉上諭，將「御製平定臺灣二十功臣像贊序」、「御製剿滅臺灣逆賊生擒林爽文紀事語」、「御製福康安奏報生擒莊大田紀事語」等三篇御製詩，[47]分別以滿、漢字體書寫發交福康安、李侍堯，依尺寸慎選石工妥為鐫刻，陳列於功臣祠前之碑亭內：

> 親製紀事語二篇，及平定臺灣功臣像贊序一篇，備述用兵機要及賞功罰罪諸大端、而一本於敬天勤民，孜孜不怠之一心，宜勒之貞珉，已昭彰癉，著將御製文三篇用清，漢字書寫，發交福康安、李侍堯於臺灣府城及廈門二處各建碑竭三座。[48]

　　藉由立碑，嚴疆海、喻乾隆勤政愛民，明慎用兵之意，同年7月24（乙卯）再新增「御製平定臺灣告成熱河文廟碑文」一首，以滿、漢文分刻石碑，連同滿、漢文合刻之「命於臺灣建福康安等功臣祠詩以誌事」共計九通御碑，立於功臣祠前，以收威嚇與震攝臺民、樹立威望、獎優勤勞。

47　臺灣銀行經濟研究室編著，《清高宗實錄選輯》，頁575-580。

48　臺灣銀行經濟研究室編著，《清高宗實錄選輯》，頁575，諭軍機大臣。

　　功臣祠前御碑與碑座材質，均為花崗岩石，取自於福建同安縣、金門、龍溪縣等地山區，完工於清乾隆 56 年（1791），碑座及碑體分開雕刻製作，其中碑座是採「贔屭」造形（俗稱御龜碑），[49] 依據《欽定四庫全書》〈異魚圖箋〉以〈本草綱目〉稱贔屭為「蠵龜」，[50] 為古之瑞獸，又名龜趺、霸下、填下、負贔，相傳是龍生九子[51]之一，所謂「龍生九子各具神力、不成龍形」，相傳贔屭力氣大、喜歡背負重物，因此多為石碑、石柱底座及牆頭裝飾，因贔屭有著類似烏龜的造形，故多被誤認為「烏龜」而以「龜碑」稱之，也有長壽和吉祥的象徵，但二者並不相同，贔屭具有牙齒、爬行動物腳型，且背部甲殼上甲片數目和形狀，尾巴等特徵與龜類均有差異，故不能以烏龜概論。

　　御碑碑體氣勢恢弘、足以壯觀瞻，碑文採陰刻方式，字體分刻滿、漢文體，碑首均有浮雕五爪龍紋卿「御製」二字及雙龍紋飾，碑陽面兩側亦飾龍紋，碑高約 307 至 319 公分、碑寬 139 至 144 公分，[52] 碑的側面約略粗雕無特別紋飾，其中五面之碑陰，有相同龍型浮雕，有一說法為「對稱」之說，但筆者現場觀察，碑陰面隱約可見文字，研判應是鐫刻錯誤磨平所致，其餘四面碑陰不平整應為石材開採原礦，御碑在廈門製作後，陳列於臺灣府郡城及廈門南普陀寺碑

49　潘世昌、吳春燕、黃源謀、蘇秋鈴合著，《臺灣府城經典導覽指南》（臺北：新開京開發出版，2013），頁 35。

50　臺灣史料集成編輯委員會編，《欽定四庫全書》（臺北：臺灣史料集成編輯委員會，2007），〈異魚圖箋〉，頁 847-757。

51　龍生九子：明朝楊慎行著撰的《升庵集》俗傳龍生九子，不成龍，各有所好。弘治中御書小帖，以問內閣，李文正據羅玘鐫續之言，具疏以對，今影響記之。一曰贔屭，好負重，今碑下趺是也；二曰螭吻，好望，今屋上獸頭是也；三曰蒲牢，好吼，今鐘上紐是也；四曰狴犴，有威力，故立於獄門；五曰饕餮，好飲食，故立於鼎蓋。六曰趴蝮（蚣蝮），好水，故立於橋柱；七曰睚眥，好殺，故立於刀環；八曰狻猊，好煙火，故立於香爐；九曰椒圖，好閉，故立於門鋪。」

52　何培夫主編，《臺灣地區現存碑碣圖誌》（臺北：國立中央圖書館臺灣分館，1992），〈臺南市上篇〉，頁 98-110。

亭內，製作及運輸過程，依據署工部尚書金簡等「為詳請提銷工料事」奏摺：

> 採石工 396 名，原石加工工人 364 名，搬運、運輸、組裝工合計 2996 名共同完成，實際核銷二萬五千二百九十八兩一錢五分六厘。[53]

完工後的十座御碑及碑座分裝，經由臺江內海沿福安坑溪運抵功臣祠，其中九座立在郡城功臣祠及御碑亭，另一座則立於嘉義縣城的福康安等功臣祠前。

依慣例御碑通常大多陳列於文廟或太學，以彰顯其地位與教化之重要，而臺灣的御碑，卻未援例置於郡城文廟（現今孔廟），而置於官道旁之功臣祠前，除了要道行人眾多能引起注目外，「御製平定臺灣告成熱河文廟碑」述及：

> 平伊犁、定回部、收金川為三大事專文勒太學，其次三為誅倫王、翦蘇四十三、洗田五以在內地懷慚弗藝其事，而平定臺灣介其間，固弗稱勒太學，較之內地之次三，則以孤懸海外，事經一年，命重臣發勁兵三月之間擒二兇、定全郡，斯事體大，訖不可以不紀。[54]

據此推論，林爽文事件發生在孤懸海外的臺灣，朝廷亦發兵平叛，雖茲事體大，但尚不能與稱為大事的金、川之亂相比，也不可稱為小，其重要性應介於六者之間，尚不足在太學勒建石碑，但卻因為福康安等將領用兵神速，得以平定民亂，故改為設立功臣祠與篆刻御

53　臺灣史料集成編輯委員會編，《明清臺灣檔案彙編》，（第 40 冊），頁 493-499，乾隆 58 年 9 月 16 日上奏。

54　臺灣銀行經濟研究室編著，《清高宗實錄選輯》，頁 553-554。

製詩碑文以臧其功，同樣在「御製平定臺灣二十功臣像贊序」中，也提及相同事件重要程度的認定，並記述：

> 功臣像贊人數由百人減為五十，再減御筆親贊二十名，其餘命文臣擬撰。[55]

可窺知，乾隆帝對於林爽文事件戰事規模及影響，與其他戰役比較，的確有不足之處，因此對有功人員獎敘的人數，才一變再變，然而若檢視乾隆朝歷次御賜各地碑碣紀錄，尚未曾有單一事件賜下如此數量之多的御碑，因此功臣祠前的御碑，無論是數量、制式、御製詩內容，及林爽文事件後清朝對臺灣後續管理的影響，存留在臺南的御碑，儼然是臺灣重要的歷史與文化資產之一。

（四）功臣祠圮廢後御碑移動軌跡

1. 御碑亭與御碑存廢

依檔案文獻記載郡城御碑除了《臺灣府城街道全圖》有御碑亭標示外，再次比對 1875 年以後日治時期圖面資料，無論是日明治 29 年（1896）發行之《臺南城圖》、日明治 30 年（1897）《臺南速測圖》、日明治 40（1907）年《市區改正臺南市街全圖》、日大正 2 年（1913）《臺南市區改正圖》，均未發現有類似碑亭標示，日大正 4 年（1915）《臺南市町名調圖》及《臺南市全圖》御碑亭位置已改為綠町，並成為臺南廳農會農圃及臺銀宿舍，顯示御碑亭在日治初期亦不復存在，而殘留御碑及其相應之贔屭座，被放置在農圃空地。

55　臺灣史料集成編輯委員會編，《清代臺灣關係諭旨檔案彙編》，（第二冊），頁 319，乾隆 53 年 2 月 10 日癸卯，上奏。

圖 5：日大正 7 年（1918）御碑與碑座照片。
（資料來源：www.lilyfruit.com.tw）

圖 6：《臺南市全圖》（1918）。[56]
（資料來源：臺南四百年古地圖集，作者標示）

2. 御碑移動軌跡

　　日大正 6 年（1917）因應都市計畫，復將綠町農圃之部分農地改建第一高等女子學校（現今臺南女中），同時，為貫通學校大門至大南門街，開闢建業街，並拆除沿路建築，依日大正 7 年（1918）《臺南市全圖》比對建業街通過地點為御碑亭所在位置，從擴建道路後的御碑照片（如圖 5）顯示應是置放在農會農圃上，並沿著建業街北側以南北向擺放位置（如圖 6 框線位置），為第一次移動。

　　日昭和 4 年（1929）臺南州政府因應大南門管理不善，成為男女幽會場所、環境雜亂不整潔，擬整治為小公園，日昭和 5 年（1930）2 月 16 日決議將棄置於苗圃之九座福康安生祠贔屭馱御碑，隨同整治計畫移置大南門（如圖 7），同年 3 月 25 日贔屭及御碑再次移動至大南門甕城內為第二次移動（如圖 8、9）。

　　戰後，大南門甕城被違章建築所佔，1960 年著手進行規劃拆卸整修，配合 1961 年 6 月鄭成功在臺建立政權，其反清復明理念迎合國府時期「反共大陸」政策，舉辦之「復臺三百周年」活動，時任市長

56　賴志彰、魏德文著，《臺南四百年古地圖集》，〈臺南市全圖〉。

圖 7：日昭和 5 年（1930）〈贔屭碑移動決議〉。
（資料來源：國家圖書館館藏）[57]

圖 8：〈贔屭碑移動小南門公園〉報導。
（資料來源：國家圖書館館藏）[58]

圖 9：日昭和 10 年（1935）大南門贔屭馱御碑。
（資料來源：中華日報新聞網 www.cdns.com.
tw）

圖 10：赤嵌樓贔屭碑現址。

辛文炳[59]（1912-1999）除整修延平郡王祠、赤嵌樓外，並將大南門內御碑及贔屭在拆除大南門部分城牆後，移至赤嵌樓（昔稱康樂臺）現址（如圖 10），在牛車運輸途中，因石碑龐大及道路不平整，其中兩座御碑傾倒，攔腰互折，斷裂成片，碎片造成人員傷亡（如圖 11）多年後以鋼筋及鐵片接合，如今接合部分仍清晰可見（如圖 12），見證遷徙的艱辛過程，此一遷徙為第三次移動，自此贔屭碑座及御碑落腳赤嵌樓，迄今未曾再移動。

---

57 〈贔屭碑移動決議〉，《臺灣日日新報》，1930/02/16，10717 號，版 4。

58 〈贔屭碑移動小南門公園〉，《臺灣日日新報》，1930/03/25，10753 號，版 5。

59 謝國興，《府城紳士辛文炳和他的志業》（臺北：南天書局有限公司，2000），頁 162。

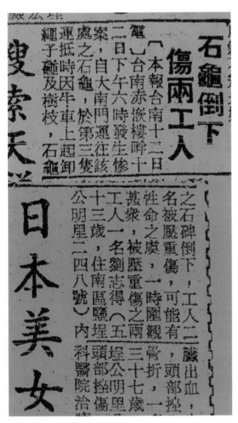

圖 11：〈石龜倒下傷兩工人〉報導。
（資料來源：國家圖書館館藏）[60]

圖 12：移動赤嵌樓時破裂御碑之一。

（五）廈門御製詩篆刻之御碑探索

　　因應林爽文事件刻製的御碑，除郡城以外，清乾隆 53 年 3 月 11 日癸酉上諭，將「御製平定臺灣告成熱河文廟碑文」、「御製平定臺灣二十功臣像贊序」、「御製剿滅臺灣逆賊生擒林爽文紀事語」、「御製福康安奏報生擒莊大田紀事語」等採滿、漢文體刻製成的八座御碑，陳設於廈門御碑亭，因此廈門御碑及碑亭，與郡城年代、數量、型制與內容相仿，故探討郡城功臣祠與御碑同時，亦將此一部分所蒐集之相關史料文獻一併呈現，同時窺探廈門御碑亭與御碑之位置、樣

60　〈石龜倒下傷兩工人〉，《徵信新聞報》，1961/06/13，版 3。

貌、保存現況。

　　廈門建御碑亭及御碑之動機，依據「御製平定臺灣告成熱河文廟碑文」：

　　　　崇武略駐，俟後兵到齊，恬波逕渡。一日千里，以遲為速（叶），百舟齊至，神佑之故（福康安至廈門於十一日自大擔開舟連次遇風阻回，復在崇武守候逾旬。

　　　　而繼渡之後，所向無前，轉得迅成大功，信非神靈佑助，何以致斯。[61]

　　指出廈門為福康安渡海前大軍集結地，同時大擔門是出海渡臺的出海口，福康安自廈門大擔門開舟，雖遇風阻回崇武澳守候，但卻有如神助於一日內登陸鹿仔港，依乾隆帝認知，大軍能如此快速抵達鹿仔港，且迅速平亂，件件都猶如神助，故「林爽文事件」後，即諭令於廈門設置與府城相同之御碑及碑亭，而陳列御碑及碑亭之選址，經駐守廈門之興泉永道奏議御碑亭建於南普陀寺天王殿放生池前，依據清道光12年（1832）《廈門志》有關南普陀寺記載：

　　　　門前有御製平臺紀功碑亭四。前有平原，為水師演武場。[62]

　　復查閱《廈門志》卷一之廈門全圖[63]（如圖12），南普陀寺（圓形標示處）前有演武亭較場[64]（方形標示處），若演武亭較場為水師

61　文字敘述摘自「御製平定臺灣告成熱河文廟碑」文。
62　［清］周凱編，《廈門志》，頁21。
63　［清］周凱編，《廈門志》（臺北：大通書局，1984），頁2-3。
64　［清］周凱編，《廈門志》，頁50。

演武場，則此場地應為福康安渡海前各地綠營集結地，因此御碑亭及御碑放置於此地，正符合乾隆立碑乃是「咸諭勤政愛民、明慎用兵、優獎勤勞」之意。

南普陀寺天王殿放生池前御碑亭建四座，御碑採兩兩成對（如圖13、14、15），民國 7 年（1918）汕頭南澳大地震災情慘重，南普陀寺御碑亭屋頂及御碑被震垮，御碑及贔屭被棄置於寺旁（如圖16）而後碑座遭破壞與碑體分離，1982 年 3 月被列文廈門市第二批市級文物保護，近年雖加以整修建新碑亭仍置於南普陀寺內，卻獨缺贔屭碑座，形制已不若立碑時的壯觀，而失色不少（如圖17），也由於廈門御碑碑座形制不完整，更就彰顯臺南赤嵌樓陳列御碑形制完整的珍貴。

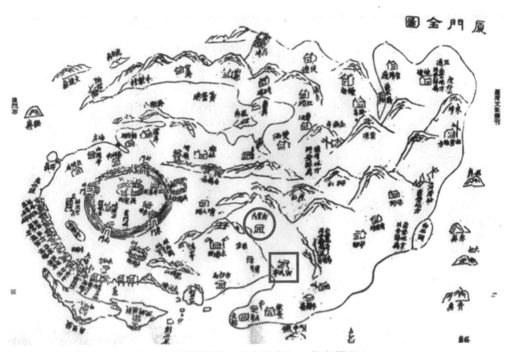

圖 12：廈門全圖（1832）。（資料來源：《廈門志》，作者標示）

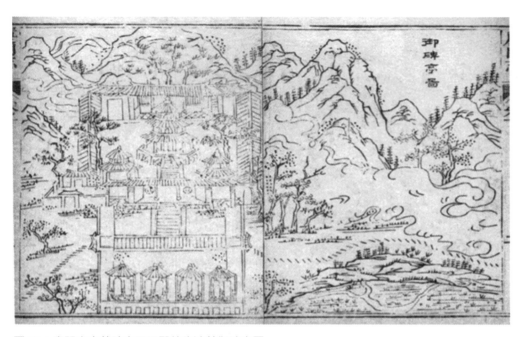

圖13：廈門志南普陀寺天王殿放生池前御碑亭圖。[65]
（資料來源：國家圖書館臺灣華文電子書庫　國立臺灣大學圖書館藏）

圖14：南普陀寺御碑亭位置。
（資料來源：廈門視覺微信網站）

圖15：南普陀寺御碑亭。
（資料來源：廈門視覺微信網站）

65　　［清］周凱編，《廈門志》卷1（廈門：玉紫財產管理委員會，1931），頁2。

圖 16：南澳大地震受損的御碑亭（左上角）。
（資料來源：廈門視覺微信網站）

圖 17：新建南普陀寺御碑亭。
（資料來源：廈門視覺微信網站）

五、結語

在歷史與時間軸交錯的空間，史料蒐集與應用可提供此二者之間的串連，然而隨著不同種類與形態的史料出現，許多史料的重複性，也讓讀者目不暇給，取捨之間又多了一層迷思及想像，且選取不同的史料，或許就會產生不同的論述，以林爽文事件及功臣祠為例，相關之探討多如牛毛，論述各有不同，但歷史事件與建築畢竟是一段過往紀錄，充滿歷史真實與想像交疊內涵，在不偏離主體下體現，以歷史觀點而言也無不妥，本文採較易蒐集的志書、官方史料論證，對初學者可以提供溯其源頭的路徑與思維，所舉之史料雖非絕對也非惟一，但卻可一窺探索主體脈絡、澄清誤區。

「生祠」、「碑碣」是對地方施政、治理或公益有卓著貢獻的在世者所立，其意義是對所祭祀對象德望的讚許，延伸對被祭祀對象祈福、增壽，對繼任者施政及仕紳、家族對地方貢獻有所期望，有些生祠甚至發展成為當地信仰中心，而開啟民心安定的作用，在臺灣類似功臣祠，因民變事件而奉旨興建實屬少數，因此容易在多年後因傾圮而遭受遺忘，逐漸消失在人們的記憶中。檢視清領時期文獻檔案不難發現，臺灣社會有別於中國墾民社會，其遊民充斥、祖籍色彩濃厚、結社盛行的社會結構及彪悍好鬥的民風，一旦地區勢力失衡，仇恨度增加，鬥毆、抗官事件層出不窮，這絕非可以單靠一座功臣祠、幾座石碑可鎮懾得住，而事實也證明在後續各朝仍有規模大小不一的民變，故根本道理還需為政者要能洞燭先機、防範未然，而行政官員執行不力及貪腐與畏事所造成的上行下效、躓法律漏洞營私舞弊埋下動亂因素，此經驗在現代行政體制中亦適用並引以為戒。

現今，福康安等功臣祠歷經與昭忠祠合併、圮壞、城市建設而

消失，僅存贔屭馱著御碑領受風吹日曬，屹立在臺南赤嵌樓內，碑體受自然因素及人為破壞，不復以往，模糊的碑文，讓路過遊客連看都不看一眼，而碑文述說的林爽文事件，在多年以後與碑上風化的文字一樣，逐漸消失在臺灣人民的意識中，各項文獻史料、網路、口述歷史與傳說，在人們以訛傳訛的加油添醋下，讓功臣祠與碑文所代表的歷史意義與史實，相距越來越遠，也逐漸淡化先民移墾艱辛、滄桑的歷史感傷。本文藉由史料文獻，探索及考訂「林爽文事件」後設立的功臣祠、御碑空間軌跡，除了藉以提供讀者了解史蹟時空背景與聯想外，同時在探討兩岸御碑保存的現況，而廈門御碑已被列為廈門市文物保護對象，對比於赤嵌樓前之御碑型制及數量之完整實屬不易，更具備被保護的要件，因此呼籲政府在文化資產保存觀念下，妥善保護僅存的御碑，讓貼近歷史事件的文物史蹟，得以妥善的傳承下去。

【參考文獻】（略）

從「乃木將軍」到「臺南市民」──探析李明禮〈和平使節〉對臺灣歷史畫的重新詮釋與意義

廖今鈺 *

摘要

1997 年，李明禮受到委請創作〈和平使節〉，描繪日軍進城前巴克禮牧師率領民眾向日軍談和事蹟，成為臺南長老教會東門教會史料館的紀念。此畫作原為臨摹日治時期「臺灣歷史畫」之〈乃木將軍與臺南市民代表〉，是日籍畫家小早川篤四郎為「始政四十周年記念臺灣博覽會」所繪，原畫因二戰時期戰火侵襲，以及戰後改由國民政府接管，輾轉動盪間不知去向。深究二畫藝術表現與繪製緣由，除了基於脈絡相異的歷史觀之外，歷史畫的遺失與重繪，亦得看見政權轉移間不同史觀建構與族群認同的多元性。

本文欲探討〈和平使節〉做為從臺灣人立場出發的歷史畫，經由何樣構圖與藝術風格改變，展現李明禮原創的藝術表現，並瞭解藝術家深思消化文獻後，加入自身經驗賦予求和事件的情感詮釋與意義。此外，也從歷史事件重現於歷史畫的創作轉化，瞭解李明禮何以強調巴克禮做為「和平使節」的精神象徵，以及表現臺灣人無奈矛盾的複雜情緒之深入原因。最後，因本畫的創作緣由，是以教

會歷史脈絡為出發，本文將回顧巴克禮求和事件過往所獲評價，探究東門教會新建史料館並委請繪製歷史畫背後的時代意義。

關鍵字：李明禮、和平使節、巴克禮、臺灣歷史畫、小早川篤四郎

＊國立成功大學藝術研究所

一、前言

　　日昭和 10 年（1935），臺灣總督府舉辦「始政四十周年記念臺灣博覽會」，是臺灣舉行史上第一次全島大型博覽會。此前臺南市役所於同年 6 月委託日本畫家小早川篤四郎（1893-1959）繪製「歷史畫」，博覽會期間於臺南特設館之歷史館陳列。[1] 此系列最終完成 20 餘幅百號油畫，其中 21 幅在四年後收錄於臺南市役所發行之《臺灣歷史畫帖》，內容包含史前時期、荷西時期、鄭氏時期、清領時期至日本進入臺灣的主題。[2] 在這之中，〈乃木將軍與臺南市民代表〉一畫，描繪乙未割臺日軍佔領臺南過程中一起極具影響的求和事件。

　　1895 年，清廷與日本簽訂《馬關條約》割讓臺灣島與澎湖群島，臺灣眾多人民強烈反抗日本統治，組織臺灣民主國。日軍自該年 5 月底由北登陸臺灣，一路南下欲進入臺南城；[3] 劉永福在南部率領黑旗軍抗日，亦盡力維護城內秩序。[4] 同年 10 月，日軍近衛師團之第二師團中，由乃木希典（1849-1912）率領的兵力抵達二層行溪太爺庄一帶，[5] 然而，10 月 20 日，率領反抗軍的劉永福與所有掌權軍官皆逃亡的消息，傳入城內，在地紳商因擔心惡徒趁亂興風作浪、擾亂市街秩序，思量

1　〈小早川畫伯か苦心の歷史畫 臺南市か臺博に設ける史料館內に陳列〉，《臺灣日日新報》，1935/07/11，第 2 版。

2　1939 年《臺灣歷史畫帖》中的 21 幅畫作：〈古代の臺南〉、〈御朱印船の活躍〉、〈濱田彌兵衛〉、〈曉のゼーランジヤ城〉、〈夕照のプロビンシヤ城〉、〈和蘭人の蕃人教化〉、〈鄭成功と和蘭軍の海戰〉、〈鄭蘭媾和談判〉、〈最後の別れ〉、〈鄭成功〉、〈西班牙の北部臺灣占據〉、〈支那人の產業開拓〉、〈通事吳鳳〉、〈清國時代の大南門〉、〈石門の戰〉、〈北白川宮能久親王の嘉義城御攻擊〉、〈伏見宮貞愛親王布袋嘴御上陸〉、〈乃木將軍と臺南市民代表〉、〈臺南入城 乃木師團の前衛〉、〈憂愁「伏見宮貞愛親王最後の御見舞」〉、〈ノールト・ホルラント城〉。

3　闞正宗編，《臺灣歷史畫帖寫眞照片》（新北：博揚文化，2016），頁 52。

4　潘稀祺，《為愛航向福爾摩沙：巴克禮博士傳》（臺南：人光出版社，2003），頁 68。

5　闞正宗編，《臺灣歷史畫帖寫眞照片》，頁 52。

小早川篤四郎，〈乃木將軍與臺南市民代表〉，1935-1936 年，100 號。
（圖像來源：《臺灣歷史畫帖寫真照片》，博揚文化）

對策並請求英國長老教會宣教師巴克禮（Thomas Barclay, 1849-1935）
牧師與宋忠堅（Duncan Ferguson, 1860-1923）牧師向乃木希典將軍交
涉求和。與此同時，日軍原定於 22 日砲轟臺南城的消息透過領事來。
[6]二位牧師帶著民眾簽署的請願書、吟唱詩歌，[7]於 21 日凌晨抵達二層
行溪太爺庄軍營會見乃木將軍，[8]報告劉永福已潛逃離開，請日軍儘

6　萬榮華 (Edward Band) 著，楊雅婷譯，《福爾摩沙的巴克禮》（臺南：國立臺灣歷史博物館，
　　2015，原著於 1936 年），頁 138-139。

7　楊士養，《Lâm Tâi Kàu-hōe Sú：南臺教會史》（臺南：臺灣教會公報社，1953），頁 39。
　　闕正宗編，《臺灣歷史畫帖寫真照片》，頁 52。

8　戴文鋒、曾國棟，〈和平之約：巴克禮與乃木希典會談歷史場域考〉，《臺灣文獻》73：03（南
　　投：國史館臺灣文獻館，2022/09），頁 110-138。

速進城。此事件最終導致日軍和平進入臺南城，居民免於砲擊屠殺。臺灣人與日本人都感謝兩位牧師的作為，[9]據《臺灣日日新報》刊載，日本當局也於日明治 30 年（1897）授與兩位宣教師「勳五等雙光旭日章」。[10]

第二次世界大戰後，〈乃木將軍與臺南市民代表〉等關於日本軍方佔領臺灣的歷史畫作及部分臺灣歷史畫不知去向，至今僅存九幅。[11] 1997 年，臺灣基督長老教會東門教會為了在教會新建的教育大樓之教會史料館紀念「巴克禮求和事件」，邀請藝術家李明禮（1925-2021）臨摹〈乃木將軍與臺南市民代表〉進行重繪，完成油畫〈和平使節〉一作。雖因小早川篤四郎臺灣歷史畫圖像，常應用於教科書及歷史書籍，廣為流傳，而使〈和平使節〉原先僅是為重現該畫而繪製，但兩位藝術家之間時隔逾 60 年社會變遷，李明禮加入自身生命經驗與詮釋，為此事件賦予另一種角度的著墨。本文欲探索〈和平使節〉做為 1990 年代臺灣人創作的歷史畫，與之相關的時代意義及藝術家個人風格的藝術表現。

二、歷史畫的繪製、遺失與重繪

歷史畫（History painting）為西方傳統對畫作類型的定義之一。

9　萬榮華著，楊雅婷譯，《福爾摩沙的巴克禮》，頁 141。

10　在 1939 年出版的《臺灣歷史畫帖》中，紀錄二位牧師被授與勳章爲日大正 4 年（1915），但查閱《臺灣日日新報》的報導，是日明治 30 年（1897）刊登授與勳章。〈勳章授與〉，《臺灣日日新報》，1897/07/28，版 2。

11　「臺灣歷史畫」至今留存九幅畫作爲：〈古代的臺南〉、〈熱蘭遮城晨景〉、〈夕照的普羅民遮城〉、〈鄭成功與荷蘭軍的海戰〉、〈鄭成功與荷蘭軍的議和談判〉、〈鄭成功〉、〈漢人（支那人）的產業開拓圖〉、〈通事吳鳳〉、顏水龍〈傳教士范無如區訣別圖〉，此處引用之翻譯以臺南市美術館典藏網爲主。臺南市政府文化局：〈臺南市美術館籌備處 105 年度典藏品維護修復作品狀況分析清單〉，2016，臺南市議會。臺南市美術館典藏網，https://collections.culture.tw/tnam_collectionsweb/Default.aspx（檢索日期：2023/05/27）。

李明禮，〈和平使節〉，1997 年，91 x 116.5 cm，長老教會臺南東門巴克禮紀念教會藏。

關於歷史畫最早的概念可追溯至文藝復興時期，阿爾貝蒂（Leon Battista Alberti, 1404-1472）於 1435 年出版《論繪畫》中提及組成故事（historia）的「故事畫」。[12]「歷史畫」描繪複雜的人物與動作，17 世紀起在學院體制中被視為最高等級的畫種，內容包含古典神話、聖經與歷史事件等題材。[13] 當歷史畫由歐洲美術學院傳入東亞，日本近代歷史畫，往往在嚴謹考證及注重寫生的基礎上，擁有具國族認同

---

12 謝佳娟，〈十八世紀英國「宗教藝術」重建的契機：從對拉斐爾圖稿及二則宗教圖像的論辯談起〉，《歐美研究》42：03（臺北：中央研究院歐美研究所，2012/09），頁 549。

13 黃婉玉，〈法國學院古典繪畫理論的傳統簡介〉，《議藝份子》02（桃園：中央大學藝術研究所，1999/12），頁 6-7。

與強化國民意識的特徵。[14]

（一）〈乃木將軍與臺南市民代表〉繪製的時空背景

〈乃木將軍與臺南市民代表〉為臺南市役所因應日昭和 10 年
（1935）10 月 10 日至 11 月 28 日「始政四十周年記念臺灣博覽會」（以
下簡稱「臺灣博覽會」），委託日籍畫家小早川篤四郎繪製二十餘幅
歷史畫的其中一件作品。此博覽會是臺灣總督府為展示四十年來治理
臺灣的成果，在臺灣全島盛大舉辦，展示各地方的文化風情、產業與
專賣制度、地理觀光、交通運輸等，[15] 宣揚殖民成果的同時也建構著
國家形象，[16] 強調臺灣作為日本南進政策的重要據點。日昭和 14 年
（1939）出版的《臺灣歷史畫帖》中收錄「臺灣歷史畫」共有二十一
幅，除〈最後的訣別〉經後世報導與研究為顏水龍（1903-1997）之作
以外，其餘皆為小早川篤四郎完成。[17]

據《臺灣日日新報》與《臺灣歷史畫帖》紀錄，小早川篤四郎在
繪製歷史畫時嚴謹地考究史實，繪製過程仰賴專家指示加以修正，[18]
請教學者如臺北帝國大學的村上直次郎博士與岩生成一教授、總督府

14　黃琪惠〈再現與改造歷史 - 1935 年博覽會中的「臺灣歷史畫」〉《國立臺灣大學美術史研究集刊》
　　20（臺北：臺灣大學藝術史研究所，2006/03），頁 112-113。

15　林品章、蘇文清，〈始政四十週年紀念臺灣博覽會研究：展覽會場與設施〉，《設計學報》05：
　　01（臺北：設計學會，2000/06），頁 20。

16　林品章、蘇文清，〈始政四十週年紀念臺灣博覽會研究：展出背景、規模與宣傳〉，《設計學報》
　　04：02（臺北：設計學會，1999/12），頁 74。

17　臺南市文獻委員會、黃典權編，〈歷史館專號〉，《臺南文化》04：04（臺南：臺南市文獻委員會，
　　1955/6）頁 89。樊天璣，〈讓最後的訣別歸位 顏水龍一直想做的事 潘元石倪再沁要幫忙〉，《民
　　生報》，1997/09/26，版 19。黃琪惠，〈再現與改造歷史——1935 年博覽會中的「臺灣歷史畫」〉，
　　頁 144。

18　〈臺南特設館陳列歷史畫由小早川畫伯執筆按至開會前完成十三枚〉，《臺灣日日新報》，
　　1935/09/22，版漢 4。

圖書館長山中樵等人，[19] 也備受臺南市尹古澤勝之等官方人員的關注與「檢視」。[20] 因此，這批歷史畫的創作過程並不僅包含畫者小早川個人的創作意識，同時也是基於當時官方認可的主流研究成果。綜觀歷史畫主題脈絡，對長達 212 年的清朝統治時期顯得輕描淡寫，更多地納入過去時代日本與臺灣接觸的重要事件，與日本相關題材佔四分之三，當代學者黃琪惠（2006）認為此強調日本介入臺灣史的變遷，隱含暗示日本統治臺灣是歷史發展的必然性，[21] 廖瑾瑗（2012）也認為臺灣歷史畫有意表現臺日之間淵源深厚。[22] 小早川致力於繪出客觀忠實的歷史畫，後人仍可從此看見日治時期日本官方的臺灣歷史觀。

（二）「臺灣歷史畫」的遺失

隨著第二次世界大戰戰火波及，以及戰後臺南市歷史館改由國民政府接管，[23] 原先收藏在歷史館之小早川篤四郎的臺灣歷史畫至今留存九幅，尤其是與日本進城相關畫作全部遺失，〈乃木將軍與臺南市民代表〉亦不知去向。查閱 1946 年 8 月 26 日「臺南市政府教育科經管歷史館冊籍文卷圖畫匾額拓本什部移交清冊」紀錄，《臺灣歷史畫帖》收錄之歷史畫尚存在，[24] 然直到 1955 年《臺南文化》歷史館專號中「臺南市立歷史館文物藏件目錄」記載僅有九幅，並可見部分畫作

19 〈小早川畫伯か苦心の歷史畫 臺南市か臺博に設ける史料館內に陳列〉，《臺灣日日新報》，版 2。關正宗編，《臺灣歷史畫帖寫眞照片》，頁 17。

20 廖瑾瑗，《小早川篤四郎〈日曉的熱蘭遮城〉》（臺南：臺南市政府，2012），頁 11-13。黃琪惠，〈再現與改造歷史——1935 年博覽會中的「臺灣歷史畫」〉，頁 126。

21 黃琪惠，〈再現與改造歷史——1935 年博覽會中的「臺灣歷史畫」〉，頁 136-140。

22 廖瑾瑗，《小早川篤四郎〈日曉的熱蘭遮城〉》，頁 35。

23 何耀坤序，〈李明禮先生的巴克禮求和圖〉，李明禮，《李明禮回顧展》（臺南：臺南市政府文化局，2001），頁 19。

24 臺灣省行政長官公署，〈臺南市政府教育科經管歷史館冊籍文卷圖畫匾額拓本什部移交清冊〉，《臺灣省臺南市政府印信密電本移交清冊》，1946/8/26，頁 140-141，國史館臺灣文獻館。

名稱進行修訂（詳見表 1）。[25] 對於小早川歷史畫具體如何消失，未查閱到詳細記載，不過戰後國民政府面對治理經過日本殖民 50 年、受皇民化運動洗禮的臺灣，需重新構築臺灣人的文化與國族認同，戰後初期對書刊與電影曾有「日本佔領時印行之書刊、電影片等，其有詆毀本國、本黨或曲解歷史者，概予銷毀」[26] 等公告，亦透過臺灣省行政長官公署積極推動相關審查、編譯、教育的組織與政策。[27] 日本人所繪的「臺灣歷史畫」與中華民國史觀衝突，在重新建構文化認同的時代交界，要被重視保存有其困難。由於小早川圖畫具有對歷史忠實呈現的特質，使得戰後持續在教科書或歷史書籍中流傳，成為能符合各意識型態敘述的插圖，但人們鮮少關注此系列作品繪製的歷史脈絡。[28]

25　臺南市文獻委員會、黃典權編，〈歷史館專號〉，頁 IV、88-89。
26　〈臺灣接管計劃綱要〉，1945/3，教育文化之第 51 款。陳鳴鐘、陳興唐編，《臺灣光復和光復後五年省情（上）》（南京：南京出版社，1989），頁 54。
27　黃英哲，《「去日本化」「再中國化」：戰後臺灣文化重建（1945-1947）》修訂版，頁 35-147。
28　黃琪惠，〈再現與改造歷史——1935 年博覽會中的「臺灣歷史畫」〉，頁 111。

【表 1】「臺灣歷史畫」保存與登記名稱紀錄表（灰底為遺失）

時間	1939 年《臺灣歷史畫帖》	1946 年[29]	1955 年[30]	2023 年臺南市美術館典藏網
畫作名稱	古代の臺南	古代の臺南	古代之臺南	古代的臺南
	御朱印船の活躍	御朱印船の活躍		
	濱田彌兵衛	濱田彌兵衛武勇の圖		
	曉のゼーランジヤ城	曉のゼーランジヤ城	熱蘭遮城晨景	熱蘭遮城晨景
	夕照のプロビンシヤ城	夕照のプロビンシヤ城	普羅民遮城夕照	夕照的普羅民遮城
	和蘭の蕃人教化	蘭人蕃人教化の圖		
	鄭成功と和蘭軍の海戰	（查無紀錄）	鄭荷海戰圖	鄭成功與荷蘭軍的海戰
	鄭蘭媾和談判	鄭蘭談判圖	鄭荷媾和談判圖	鄭成功與荷蘭軍的議和談判
	最後の別れ	宣教士ハンブルーーク	傳教士范無如區訣別圖	未有檢索結果；2016 年從鄭成功文物館移撥時名爲〈傳教士范無如區訣別圖〉[31]
	鄭成功	鄭成功	延平郡王油畫像	鄭成功
	西班牙の北部臺灣占據	西班牙人の北部臺灣占據		
	支那人の產業開拓	漢人の產業開拓	我國產業開拓圖	漢人（支那人）的產業開拓（2016 年從鄭成功文物館移撥時名爲〈唐山過臺灣〉。
	通事吳鳳	吳鳳	吳鳳成仁圖	通事吳鳳
	清國時代の大南門	清國時代の大南門		
	石門の戰	石門の戰		
	北白川宮能久親王の嘉義城御攻擊	北白川宮能久親王		
	伏見宮貞愛親王布袋嘴御上陸	伏見宮貞愛親王		
	乃木將軍と臺南市民代表	乃木將軍		
	臺南入城乃木師團の御前衛	臺南入城		
	憂愁「伏見宮貞愛親王最後の御見舞」	憂愁		
	ノールト・ホルラント城	ノルーートエルラント		

29　1946 年畫作名稱來源：臺灣省行政長官公署，〈臺南市政府教育科經管歷史館冊籍文卷圖畫區額拓本什部移交清冊〉，《臺灣省臺南市政府印信密電本移交清冊》，1946/08/26，頁 140-141。國史館臺灣文獻館。

30　1955 年畫作名稱來源：臺南市文獻委員會、黃典權編，〈歷史館專號〉，頁 IV、88-89。

31　臺南市政府文化局，〈臺南市美術館籌備處 105 年度典藏品維護修復作品狀況分析清單〉，2016。臺南市議會，https://www.tncc.gov.tw/motions/warehouse/A10000/105 年南美館修復作品狀況分析及清單 .pdf（檢索自 2023/05/27）。

（三）〈和平使節〉繪製的相關背景

1997 年，臺灣基督長老教會東門教會（今東門巴克禮紀念教會，以下簡稱「東門教會」）因應新建教育大樓之史料館，欲紀念「巴克禮牧師求和圖」。因〈乃木將軍與臺南市民代表〉畫作遺失，委請李明禮臨摹該畫，並交給他由臺南文獻會委員何耀坤撰寫之〈日軍和平進入臺南府城一百週年，和平使者巴克禮和宋忠堅〉進行參考。[32]

太平境教會與東門教會，為英國長老教會在臺南宣教時期府城內兩間具代表性的教會，其中東門教會由巴克禮及夫人伊莉莎白（Elisabeth A.Turner, 1858-1909）於日明治 36 年（1903）5 月創設。巴克禮身為英國長老教會宣教師，清光緒元年（1875）初次抵臺，此後深耕臺南 60 年，促進新式教育引入，包含正式籌建臺灣首間「大學」（今臺南神學院）、關注長榮中學的草創時期，此外也開辦《臺灣府城教會報》與翻譯白話字聖經。[33]巴克禮開辦學校及宣教耕耘為新樓一帶的文化教育留下深遠影響，他在神學院除了教導神學課程，亦帶來現代科學知識；[34]《臺灣府城教會報》是今日《臺灣教會公報》的前身，清光緒 11 年（1885）發行至今成為臺灣史上存在最悠久的報紙，為了讓不識漢字的信徒也能自行讀懂聖經、學習信仰，《臺灣府城教會報》推行白話字的學習，並以此傳遞新知，也因而留下珍貴的白話字文獻史料。[35]東門教會在數年後分設七間教會，各自壯大發展，並依教會簡史記載 1994 年至 2000 年間開始明確注重對鄉土關懷

---

32 李明禮，《李明禮回顧展》，頁 17-19。

33 潘稀祺，《為愛航向福爾摩沙：巴克禮博士傳》，頁 36-41、45-47、60-65。

34 潘稀祺，《為愛航向福爾摩沙：巴克禮博士傳》，頁 80-81。

35 張妙娟，《開啟心眼：《臺灣府城教會報》與長老教會的基督徒教育》（臺南：人光出版社，2005），頁 5-6、87、163-167。

的意識，於新建的教育大樓成立史料館。2003 年，東門教會為紀念巴克禮牧師，正式更名為「臺南東門巴克禮紀念教會」。

李明禮是一位低調謙和、篤信基督的藝術家，與妻子及兒女長年在臺南市區的長老教會聚會生活。日大正 14 年（1925）10 月 17 日生於屏東，其父為讓孩子就學，舉家遷至臺南定居，就讀長榮中學。從臺大普通行政專修科畢業後，先後於多所國中任教，退休前為建興國中工藝科老師。48 歲起因受畫家陳永新（1913-1992）[36] 蠟筆畫個展感動，開始向同為長老教會教友的沈哲哉（1926-2017）[37] 在臺南神學院附設幼稚園教室開設的美術班習畫兩年，[38] 自此開啟藝術創作生涯。除西畫以外，對木雕、陶藝亦投入學習，留下百餘件作品，尤以風景畫為代表。

李明禮對藝術創作持謙虛與熱情之心，除了是活躍於臺南美術研究會的會員，亦得到省展與公教書畫展等肯定。[39] 繪製〈和平使節〉的過程日夜研讀文獻，幾經思考、深夜修改提筆，亦請何耀坤前往提點宋忠堅牧師的性格、乃木將軍的指揮刀等細節。[40] 本作最初雖是以

36 陳永新（1913-1992）原名陳永垚（堯），生於臺南，留學日本美術學校日本畫科。曾入選府展東洋畫部第三與第五回，於第六回獲特選，戰後亦參與省展國畫部。任臺南市國畫研究會理事，擅長筆觸豪放的水墨寫生，並嘗試水彩與蠟筆等不同材料之創作。參考自蕭瓊瑞，《臺南市藝術人才暨團體基本史料彙編》（臺南：臺南市文化基金會，1996），頁 225。黃冬富，〈日治時期官辦美展臺南在地藝術家（含臺、日籍）研究結案報告書〉，2019，臺南市美術館，頁 124-126，https://www.tnam.museum/research_publication/results（檢索日期：2023/11/19）。

37 沈哲哉（1926-2017）生於臺南，曾受前輩畫家廖繼春、郭柏川的指導。於 15、17 歲時即分別入選第七屆臺陽展及第六回府展，後續也在省展等臺灣具代表性的繪畫舞臺上活躍，其繪畫風格尤以浪漫夢幻的色彩與唯美造形著稱。參考自龔詩文，〈臺南藝術家沈哲哉調查及研究計畫案結案報告書〉，2018 年，臺南市美術館，頁 5-6。

38 李明禮，《李明禮回顧展》，頁 14。翁錫麟，〈沈哲哉的繪畫思維與作品特色之研究〉（新北：國立臺灣藝術大學美術學系碩士班，碩士論文，2014），頁 95。

39 臺南美術研究會全體理監事及會員、會友編，《南美展：南美展暨徵得獎作品展》第 61 屆（臺南：臺南美術研究會，2013），頁 45。

40 李明禮，《李明禮回顧展》，頁 17。

「復原原作」的概念委請李明禮進行繪製，[41] 但在畫面構圖及色彩重新安排，實有與小早川歷史畫不同的個人詮釋。

三、〈和平使節〉與〈乃木將軍與臺南市民代表〉相異的藝術表現

　　小早川篤四郎數度來臺居住，期間參與石川欽一郎（1871-1945）指導的畫會之「紫瀾會」活動、進入帝展畫家岡田三郎助（1869-1939）之「本鄉繪畫研習所」習畫，也曾留學歐洲，[42] 作品具美術學院與印象派風格，是《臺灣日日新報》多次以報導關注的「帝展畫家」、「小早川画伯」。[43] 為了繪製〈乃木將軍與臺南市民代表〉（以下簡稱〈乃木將軍〉）一畫，曾經親自採訪巴克禮牧師。[44]〈乃木將軍〉一作筆觸細膩，人物比例皆遵循學院派的透視方法與光影表現，藉由暗夜中的火炬營造光影對比，打亮畫面中央乃木將軍與二位牧師會談，如劇場燈光的效果。人物方面注重對個人五官特徵的正確描繪，尤其是安排乃木將軍所站位置與四分之三側面的角度，使其表情最為清晰。畫中的乃木將軍正氣凜然威嚴、心平氣和，巴克禮與宋忠堅牧師則以身側面對觀畫者，向乃木將軍說明來意。右下角日軍的武器倚靠在箱子上，暗示場景為軍營。此畫構圖以站立的人物為主，水平的構圖安排，為畫面帶來蕭穆穩定之感。學者廖瑾瑗也曾論述，若將此畫與同樣收錄於《臺灣歷史畫帖》且描繪議和事件的〈鄭成功和荷蘭軍的議

41　何耀坤、黃聰文，〈「和平使節」原圖歷史背景說明〉，李明禮，《李明禮回顧展》，頁 16。

42　廖瑾瑗，《小早川篤四郎〈日曉的熱蘭遮城〉》，頁 21-26。黃琪惠，〈再現與改造歷史——1935 年博覽會中的「臺灣歷史畫」〉，頁 118。

43　「画伯」（がはく）為日語中對擅長繪畫之人的敬稱。〈帝展系的畫家—小早川氏個展〉，《臺灣日日新報》，1934/03/02，版 7。

44　黃琪惠，〈再現與改造歷史——1935 年博覽會中的「臺灣歷史畫」〉，頁 136。

和談判〉（鄭蘭嬸和談判）、〈最後的訣別〉（最後の別れ）等二畫相對照，〈乃木將軍〉呈現相對祥和友善的談和場景。[45]

李明禮觀看此畫，認為是小早川畫伯謹慎收集史料的傑作，且對於自己此次的工作，懷抱敬意與樂意奉獻的心情。不過對於求和事件的感受經歷一番思考，認為日軍駐地於此地的動機，為畫者身分立場的緣故較為隱藏：

> ……小早川篤四郎畫伯，慎集史料和考量而畫出的傑作。……圖中乃木將軍威風的軍人本色，與巴克禮牧師的紳士風度相當調和，表現恰好。但依我之淺見，日本畫家深謀遠慮，不表示軍隊何故駐在此，以避免刺激觀看者的情緒。……臨摹者經思考之後，在不失畫作原貌，欲表示臺灣人的感受。[46]

由此看出，小早川講求對歷史客觀嚴謹的忠實描繪，李明禮〈和平使節〉則是有意展現臺灣人的感受，且在樸質筆觸中不吝於表現情緒與敘事性。回顧這段歷史，日昭和11年（1936）同為長老教會牧師的萬榮華（Edward Band, 1886-1971）所著《福爾摩沙的巴克禮》，引述巴克禮書信、日記與回憶錄內容，是後人瞭解巴克禮的重要文獻。萬榮華在書中將巴克禮稱為「拯救一座城市的人」，[47]巴克禮求和事件並非一場日常的會面，而是英籍牧師代表臺灣民眾向日本軍隊訴願，以此解除臺南府城險遭砲轟的危機，因此本次求和事件的背景，有幾點值得注意之處。

45　廖瑾瑗，《小早川篤四郎〈日曉的熱蘭遮城〉》，頁33。
46　李明禮，《李明禮回顧展》，頁18。
47　萬榮華著，楊雅婷譯，《福爾摩沙的巴克禮》，頁138。

　　首先在《馬關條約》簽訂後，臺灣人對日本統治臺灣大部分持反感以致反抗的意志，組織臺灣民主國。此次求和行為，**「雖然對重視民族氣節的知識份子來說，這個過程很令人難過，但臺南的紳商多半還是很感激巴克禮牧師為他們挺身而出的精神。」**[48]府城人雖連署向日軍請和，但比較是置身於動盪時局別無他法的結果，而非單純出於己願的欣然接受。其次關於「和平使節」之稱所承擔的責任與危機，在巴克禮回憶錄曾經談及當年發生的「麻豆事件」，讓他本欲拒絕紳商請求。

　　日明治 28 年（1895），臺灣中部的羅馬天主教徒列隊迎接日本人，導致禮拜堂被憤怒民眾摧毀；加上當時日軍喜歡請基督徒為嚮導，因此加重民眾認為基督徒與日本人勾結的印象，多有認為基督徒是間諜、背叛臺灣人打擊黑旗軍的謠言，多處引發暴動。其中「麻豆事件」在數起案件中最為嚴重，於 10 月 14 日發生共 19 人死亡的衝突事件。[49]府城民眾對教會亦有敵意，[50]雖然城內未有民眾攻擊教會之事，但麻豆事件與紳商央請牧師前往求和僅相隔不到一週，巴克禮起初擔心求和行動引發類似慘案，讓百姓誤解為基督徒出賣府城人民，因而拒絕，[51]最終才表示若由民眾蓋章寫下請願書，他們願意幫忙帶信。巴克禮在回憶錄提及：**「即使是以使者的身份主動與步步逼近的軍隊接觸，也有極大的風險。但只要能拯救這個城市免於不必要的流**

48　王貞文，〈導讀：基督新教與臺灣的淵源〉，萬榮華著，楊雅婷譯，《福爾摩沙的巴克禮》，頁16。

49　李佳奮，〈1895 年麻豆基督長老教會事件〉（臺南：國立臺南大學臺灣文化研究所，碩士論文，2011），頁 102。

50　萬榮華著，楊雅婷譯，《福爾摩沙的巴克禮》，頁 130-134。

51　何耀坤，〈日軍和平進入臺南府城一百週年，和平使者巴克禮和宋忠堅〉，《臺南文化》新 41（臺南：臺南市文獻委員會，1996/07），頁 35。

血衝突，冒這個險就值得了。」[52] 因應當時城內秩序混亂的擔憂，二位牧師還與居民立有條件：求和路程需安排護衛陪同，並要派人守護牧者屋舍，以免遭到打劫。最終紳商派出 17 名男子組成的護衛隊，另有兩位基督徒林緝熙與林丁貴自願陪同。除此之外，原先民眾雇用兩位轎夫運載巴克禮與宋忠堅，但當轎夫得知目的地為日軍軍營，十分恐懼不肯前往，使一群人只得徒步前行。[53]

這些來自巴克禮與萬榮華的紀錄內容，也書寫在李明禮所閱讀之何耀坤撰寫文章中，凸顯與日軍談和的行為，對巴克禮與一般民眾而言，實際上充滿危險與未知，也透露著：日軍和平進入臺南府城，對臺灣住民而言並非光榮的歷史，選擇議和的背後，有著面對異族政權統治的震盪與悲情。[54] 李明禮閱讀文獻後「在主的美慧感應」中完成畫面：「**看吧！陣營有大砲，有軍馬，張營幕，燃燒著營火，守備嚴密，巴克禮牧師一群人進入陣地冒險求和，這幅圖堪稱勇者的圖像。**」[55]

李明禮並非美術科班出身的藝術家，其藝術表現具有質樸真摯的想像與敘事性。本作品在空間加廣下增添了前景與後景，具有深度的空間感效果，若將畫面上下大致切為三分，中景三分之一處為主要事件人物，左半部有五位日本士兵與乃木希典將軍——不同於小早川所繪士兵或坐或站較為自在的模樣，李明禮此處描繪的日本軍人，站姿筆挺而顯威武嚴肅；右半部為代表求和的巴克禮與宋忠堅，最右側有兩名漢人以及三名日本士兵，其中兩位手持火炬。漢人中一位身

---

52 萬榮華著，楊雅婷譯，《福爾摩沙的巴克禮》，頁 136。
53 萬榮華著，楊雅婷譯，《福爾摩沙的巴克禮》，頁 139。
54 何耀坤，〈日軍和平進入臺南府城一百週年，和平使者巴克禮和宋忠堅〉，頁 38。
55 李明禮，《李明禮回顧展》，頁 18。

穿藍色衣服留著長辮、手持燈籠背對觀者，一位手持日本國旗正臉面對畫面。

　　〈乃木將軍〉一畫將日本軍人手持的三把火炬做為光源，重點聚焦於中央人物的會談，尤其人物的五官表情以乃木將軍最為清晰。〈和平使節〉在畫面中間底部新增一名雙手懷抱木柴、正燒營火的士兵，熊熊燃燒的紅色火光，映照人物受光面的衣著上，引導觀者視線注意中心，也使右半部的府城代表一行人被照亮，得以受到關注。遠方背景處新增古厝、守衛持槍的日本兵與數匹軍馬，呼應後續日軍騎馬入城的發展。左下角前景處兩座大砲，強調日軍擁有強大現代武器，營造場面之危機緊張，也暗示險些砲轟府城的事實。〈乃木將軍〉呈現深夜隱密叢林的秘密行動，〈和平使節〉則將視野拉廣，夜空高掛明亮星星，如隱喻此次行動是在黑暗的絕望處境裡帶來希望。暖紅色的火光，在深藍色的暗夜場景閃爍，畫面的豐富彩度，因色彩對比而具躍動感。本作描繪土地時，保留塊狀筆觸營造粗糙的質感，人物衣著則細膩柔和，並且比起臉部辨識的特徵，更擅於捕捉生動的肢體動作。

〈和平使節〉局部。

　　不同於小早川將畫面重點聚焦於對話的主角三人，李明禮有意設計臺灣人的動作與表情，並於創作自述中抒發自身對於日治時代的情感：

> 有兩位臺灣人參與，一位背身拿提燈，另一位正面拿著日本旗，然而他們的表情是不安，憂傷和無奈。……畫上日本旗，亦是無奈的，我想這是事實的需要，欲進入陣地若無拿旗是辦不到的事吧。事實上，日治五十一年之久不是常見這旗子嗎？[56]

　　根據巴克禮回憶錄，當時人們為了避免日軍誤會敵人偷偷摸摸靠近，實際上是攜帶英國國旗，[57] 點著燈籠、吟唱聖歌，好讓日本人知道是英國宣教師到來，而未有手持日本國旗的紀錄。從此可發現李明禮對此事件結合自身生活於日治時期經驗的想像，隱含對日本統治的觀感，讓他選擇如此描繪。李明禮同為長老教會基督徒，深入理解巴克禮牧師貢獻的決心與冒險犯難的心情，更因自身為經歷日治時期的臺灣人，擁有該時代的經驗感受，為畫中人物增添鮮明情緒。李氏引用聖經詩篇表達以繪畫重現此事件的感悟，以崇敬感謝上帝的心，在藝術中展現生命力，抱持對殖民時代不可抗之大環境裡一般小人物的人性關懷：

> 大衛有詩：上帝啊！憂傷痛悔的心，祂無欲看輕伊。自古以來，人與人，國與國爭戰不斷。被蹂躪被佔領殖民的故事不勝枚舉。幸好上帝賦予人類，有豐盛的生命力，又有文學藝術

56　李明禮，《李明禮回顧展》，頁 18。
57　萬榮華著，楊雅婷譯，《福爾摩沙的巴克禮》，頁 139。

作心靈的慰藉，才能克復不可抗力的悲情，來延續生命。[58]

巴克禮 16 歲時與上帝立下《獻身書》，願將自己的肢體、財物、時間與一切力量奉獻給上帝，懇求一切不是照自己的意思，而是按神旨意。[59]後人在巴克禮離世後，發現他每年生日都會在獻身書留下一次簽名，一再提醒自己所立誓約，此獻身書也為神學院學生一再恭讀，[60]其注重基督徒的生活實踐，在信仰上成為精神榜樣。[61]針對此次求和事件最終能和平結束，巴克禮曾言他「充滿著感謝主的心情」，宋忠堅亦謙卑表示：**「靠了神的聖手，我們傳道者作了拯救無數生靈的工具。」**[62]二位牧師將榮耀歸與上帝，認為是上帝透過他們的身軀來動工。〈和平使節〉在東門教會史料館，原預計與段博仁之〈摩西過紅海〉相搭配，[63]何耀坤認為此畫作展現了巴克禮與宋忠堅的愛與勇氣，同時具有歷史意義與精神價值，[64]但值得注意的是，成為和平使者除了要具備智慧與勇氣之外，在其背後支撐的，還有一種來自信仰的使命感。[65]如同李明禮完成此畫後有感所言：**「歷史的主，永活慈悲的上帝垂聽無奈之臺灣人的心聲。感謝上帝，祂是與我們同在的主。」**[66]延續著舊約聖經記載摩西領百姓出埃及的故事，此事件在基督信仰的歷史脈絡中，不僅是日本人與臺灣人之間的歷史，更是

58　李明禮，《李明禮回顧展》，頁 18。

59　巴克禮 (Thomas Barclay)，《巴克禮作品集》（臺南：臺灣教會公報社，2005），頁 67-70。

60　林信堅，〈導讀〉，巴克禮，《巴克禮作品集》，頁 17。

61　潘稀祺，《為愛航向福爾摩沙：巴克禮博士傳》，頁 133。

62　朱鋒，〈臺灣民主國在臺南二三事（下）〉，《臺南文化》03：01（臺南：臺南市文獻委員會，1953/6），頁 31-32。

63　李明禮，《李明禮回顧展》，頁 17。

64　何耀坤序，〈李明禮先生的巴克禮求和圖〉，李明禮，《李明禮回顧展》，頁 19。

65　何耀坤，〈日軍和平進入臺南府城一百週年，和平使者巴克禮和宋忠堅〉，頁 39。

66　李明禮，《李明禮回顧展》，頁 18。

上帝同在的歷史。

　　歷史畫應該嚴謹客觀的忠於史作，或者能以藝術家感受加以主觀詮釋？這是日本明治時代美術界曾經爭論的問題。[67] 若回到歷史畫在 17 世紀於歐洲學院中的討論，當時受學院推崇的歷史畫，並非是如實的模仿自然，因為自然是不完美的，在描繪任何題材時，實際要彰顯的是背後的主題，是一個普遍的真理。[68] 歷史畫為的是展現人類偉大崇高的德行，藉由藝術家獨創的能力，呈現寓意與教化意義，如 18 世紀英國斯狄爾（Sir Richard Steele, 1672-1729）曾言：**「我們不會觀看一幅好的歷史畫而無領受有益的教誨。」**[69] 此處尤其指宗教題材歷史畫，藉由藝術激發情感與宗教心靈的崇高情操，觀者在歷史畫所見的，不僅是單純的人物肖像，而是藉由圖像傳遞語言般的表達，激起效法的感動與熱情。[70]〈和平使節〉將事件主體轉向二位牧師與悲傷的臺灣人，強調巴克禮與宋忠堅明知風險仍做和平使節的愛與勇氣，相較於小早川繪製〈乃木將軍〉追求對事件自然寫實的描繪，本畫作為歷史畫，是透過強化人的情感，呈現歷史中另一種「真實」的面向；與此同時，後世得看見前人將信仰親身實踐於生活，亦看見神的動工，雖非描繪聖經故事或基督聖徒等符合宗教畫傳統認定的題材，卻是具有宗教性的精神。

67　黃琪惠，〈再現與改造歷史──1935 年博覽會中的「臺灣歷史畫」〉，頁 113。

68　黃婉玉，〈法國學院古典繪畫理論的傳統簡介〉，頁 5-6。

69　Richard Steele. "I have very often lamented and hinted my sorrow in several speculations", Spectator 3.226 (1713), p.321. 轉引自：謝佳娟，〈十八世紀英國「宗教藝術」重建的契機：從對拉斐爾圖稿及二則宗教圖像的論辯談起〉，頁 553。

70　謝佳娟，〈十八世紀英國「宗教藝術」重建的契機：從對拉斐爾圖稿及二則宗教圖像的論辯談起〉，頁 562。

四、東門教會史料館與〈和平使節〉重新詮釋事件的時代意義

　　回顧「巴克禮求和事件」歷史上的評價，日治時期得到日本當局授與榮譽勳章、府城人民感謝的書軸，並納入描繪重大歷史事件的「臺灣歷史畫」。戰後，人們對此事件保有各式各樣的評價，有認為巴克禮和長老教會是與日本人友好以達傳教目的，[71]別無值得稱敬的精神；或有暗示此行為在當時近似於成為漢奸代表；[72]亦有緩頰巴克禮僅是為安全而維持城內秩序，無其他含義。[73]針對巴克禮奉獻臺灣的紀念，在 2000 年後重新正式的為官方所重視，如規劃巴克禮公園和臺南市首度以外國人命名的道路「巴克禮路」等。[74]這些與東門教會於 1997 年開辦史料館一事，可回到臺灣民主發展與國族認同的脈絡加以理解。

　　1970 年代，長老教會陸續發表〈我們的呼籲〉、〈人權宣言〉等文章，使教會遭外界與「臺灣獨立」聯想，[75]在當時遭受質疑與批評。由於大中華意識形態為受到戰後當局認可的主流，以對中華民國的制度與文化，較有認同的族群而言，這些言論是破壞政府威信且影

71　余如雲，《耶穌在哭泣——臺灣基督長老教會政治活動秘史》（臺北：龍旗出版社，1983），頁 37。

72　雷一鳴，〈清末宣教臺灣之英人——節譯南部臺灣基督長老教會史〉，《臺灣文獻》07：03-04（臺北：臺灣省文獻委員會，1956/12），頁 85。

73　陳梅卿，〈清末臺灣英國長老教會的漢族信徒〉，《東方宗教研究》新 3（臺北：國立臺北藝術大學傳統藝術研究中心，1993/10），頁 209。

74　林偉民，〈手抄聖經 167 教友接力完成 東門教會創立百周年系列活動 18 號公園將規劃為巴克禮紀念公園〉，《聯合報》地方版（臺南），2003/05/24/，版 B1。蔡文居，〈「巴克禮路」南市首條外國人名字命名〉，《自由時報》，2016/01/19，版 a14。

75　睦群，《從大中華到臺灣國：臺灣基督長老教會的國家認同及其論述轉換》（臺北：政大出版社，2017），頁 213。

響各地「叛亂」的行為。[76] 在這樣的環境裡，「紀念巴克禮引日軍進城」一事，也容易有勾結日本或政治意識形態層面的負面解讀空間。其實 1970 年代《臺灣教會公報》亦有傳遞「反共護教」、支持政府的論述與認同，[77] 不過從歷史看來長老教會在臺灣發展長達 158 年，為進行宣教活動有其文化累積，有時不便於政府「去日本化」的推行，如 1953 至 1954 年間，臺灣省行政長官公署與臺灣省政府，就曾經針對南部臺灣基督長老教會進入山地宣教、發行報紙或聖經使用日文與羅馬字，展開多次會議討論，[78] 主要是擔心有心人士在施行國語政策的前提下，流傳日文結合政治宣傳煽動民眾。[79] 1969 年政府正式禁止教會使用臺語羅馬字，《臺灣教會公報》改以華語漢字發行，[80] 也有別於教會原先為一般民眾以日常熟悉的語言使用白話字之初衷。這些都可看見雙方在文化方面一時之間存在著相容的困難。此外，1987 年警備總部查扣沒收報導紀念二二八事件的 1825 期《臺灣教會公報》，也曾引發牧師與信徒上街爭取言論與宗教自由。[81]

1970 至 80 年代，臺灣人經歷經濟起飛與外交挫折，開始省思西

76　余如雲，《耶穌在哭泣 —— 臺灣基督長老教會政治活動秘史》，（臺北：龍旗出版社，1983），頁 92-95。

77　鄭睦群，《從大中華到臺灣國：臺灣基督長老教會的國家認同及其論述轉換》，頁 213。

78　教育部社會教育推行委員會，〈關於羅馬字方言聖經是否禁止使用事關我政府政策之決定應慎重予以研究〉，《宗教團體管理（0042/123.2/1/4）》，1953/09/22，頁 56-58。民政廳，〈民政廳簽為關於臺灣基督長老教會呈請至山地傳道准用羅馬字及日文聖經並建議各點擬仍照教育部商決原則處理請鑒核案〉，《臺灣省政府委員會議第 308 次會議》，1953/06/30，頁 6-7。臺灣省政府，〈為教會召集兒童傳教并教授羅馬字應否予以禁止案令仰遵照〉，《宗教團體管理（0043/123.2/1/3）》，1954/07/09，頁 9-10。以上皆由檔案管理局典藏。

79　民政廳，〈民政廳簽為奉交臺灣基督長老教會呈請在山地傳教暫准兼用臺語及山地各節擬具處理意見請核示案〉，《臺灣省政府委員會議第 300 次會議》，1953/05/05，頁 16-17，檔案管理局典藏。

80　〈臺灣白話字發展簡介〉，《臺灣白話字文獻館》，http://pojbh.lib.ntnu.edu.tw/script/about-2.htm（檢索自 2023/05/27）。

81　〈史上唯一報刊沒收後歸還 教會公報爭言論自由〉，《臺灣教會公報》，2017/07/13，https://tcnn.org.tw/archives/24086（檢索日期：2023/05/30）。

方文化與工業發展帶來的問題，展開鄉土運動及 1970 年代晚期鄉土文學論戰的熱烈探討，「鄉土」、「認同」等詞於此時開始出現在《臺灣教會公報》與長老教會諸多研討會中。[82] 隨著解嚴後言論自由得被保障，本土主義觀點得以獲得較高的正當性，教會陸續提出「信仰本土化」、「鄉土神學」等觀念，[83] 1995 年長老教會總會發表〈新而獨立的臺灣聲明〉，得見經歷 20 年對「臺灣」認同逐漸成形，更重要的是，此時相較於過去更能自由的公開言說。奠基在這樣的時代背景裡，留存眾多史料的東門教會，也得於 1994 至 2000 年間「注重社會關懷及愛護鄉土，並建築教育大樓來發揮教會更大的功能」，[84] 建立了教育大樓及教會史料館，後續也在 2022 年成立「臺南市東門巴克禮歷史教育推廣協會」，開始對外界開放。

對「巴克禮求和事件」之歷史畫的詮釋角度，攸關史觀建構及身分認同的差異。小早川篤四郎之歷史畫，從原本做為臺南地方性的歷史畫，躍升至「臺灣歷史畫」的地位，[85] 影響其圖像流傳使用的特殊性，而李明禮對此畫作的重繪，供後人能以另一重角度重新思考對此事件的理解與感受。〈乃木將軍〉追求對自然與事實的忠實描繪，對臺灣人與英籍牧師的詮釋持保留態度，其背後含有日本人集體建構的臺灣史觀，並且做為臺灣博覽會宣傳臺灣做為南進政策重要據點，紀錄和平進城的重大事實；〈和平使節〉則基於教會歷史與臺灣歷史的脈絡予以紀念，藝術家以「臺灣人」為出發，即便戰後曾有為政治意識形態影響此求和事件解讀詮釋的言論，本畫透過藝術傳遞真

---

82 鄭睦群，《從大中華到臺灣國：臺灣基督長老教會的國家認同及其論述轉換》，頁 213。
83 鄭睦群，《從大中華到臺灣國：臺灣基督長老教會的國家認同及其論述轉換》，頁 214。
84 臺灣基督長老教會臺南東門巴克禮紀念教會，〈教會歷史〉，https://eastgatebarclay.org/aboutme/ 教會歷史 /，2021/10/02（檢索日期：2023/05/27）。
85 廖瑾瑗，《小早川篤四郎〈日曉的熱蘭遮城〉》，頁 36。

摯的人文關懷，凸顯巴克禮與宋忠堅在危難中以愛與勇氣，肩負使命成為拯救城市的人、臺灣人向日本降和的矛盾悲傷，得看見行為表徵背後的複雜人性。東門教會史料館的興建，是文化認同經歷時局變異的重重困難，終能從「在地」出發建構教會與地方的歷史。兩幅歷史畫遺失又重繪的過程，亦得見政權轉移間不同史觀建構與族群認同的多元性。

五、結語

　　〈和平使節〉最初雖是東門教會將〈乃木將軍與臺南市民代表〉視為「原畫」而委請李明禮臨摹，然藝術家以其純樸心意與敘事性的表現，經過文獻史料的閱讀，設想當年巴克禮、宋忠堅兩位牧師的猶豫與勇氣，以及臺灣人求和背後的悲傷憂慮。李明禮融合自身經驗，雖對日治時代有其無奈記憶，但也未刻意醜化或忽略對日本人的描繪，而是選擇在不失畫作原貌的狀況下，表達臺灣人的立場，強調「和平使節」的內涵。此畫藉質樸的藝術手法，改變構圖元素與光線引導的變化，加強日軍擁有強大的現代武器與臺灣人的反應，並透過火光照亮英籍牧者與臺灣人來引導觀者視線，整體增添暖色調的躍動色彩，具藝術家個人表現的原創性。

　　此外，歷史畫藉由引發觀者對事件深思產生感動或啟發，傳遞精神性的偉大真理。〈和平使節〉的繪製，是為展示於東門教會史料館，配合〈摩西過紅海〉等畫作，以信仰發展為脈絡紀念宣教師在臺灣土地的貢獻。李明禮以巴克禮與宋忠堅為主角，紀念「和平使節」在險境中即使擔心仍挺身而出的勇氣，以行動實踐成為被上帝使用的信仰精神，使此畫相較〈乃木將軍〉增添一層宗教性的意涵。

　　最後，〈和平使節〉做為從臺灣人立場出發的歷史畫，若回顧戰後對巴克禮事件的不同詮釋，得看見藝術家超越意識形態的二元對立，關懷複雜的人性感受。數十年來經歷與戰後當局文化認同的衝擊，至 1970 年代鄉土運動與解嚴後言論漸開放自由的社會環境，影響長老教會對「鄉土」認同的探討與轉向。1990 年代身為「臺灣人」的意識得躍上檯面，能被公開言說，不用擔心迫害與攻擊。教會史料館的建立與開放，背後有著民主發展得來不易的過程，歷史畫也得由自身被繪製的理由，見證了這段經過。

【參考資料】（略）

日治時期臺南地區的賽馬活動[*]

和田奈穗實 [**]

摘要

　　本文主要目的，是以日治時期臺南地區的賽馬活動為例，從其發展過程、賽馬項目以及戰爭體制下的變質三個面向，就歷史學角度探討從日昭和 4 年至 19 年（1929-1944）日本統治下，舉辦於臺南地區（今臺南市）之賽馬活動，並透過本文分析，爬梳臺南賽馬對臺灣賽馬界影響的脈絡。從日昭和 3 年（1928）起首次舉辦臺北賽馬，臺灣各地賽馬團體開始陸續舉辦賽馬活動，臺南賽馬活動則於日昭和 4 年（1929）後開始發展，場地設立於臺南運河船隻停泊填土區（今環河街和金華新路交界），由臺南愛馬會主辦，其目的在於推廣臺灣馬事思想和馬產獎勵。其後，臺南賽馬場依序搬遷至三分子陸軍射擊場（今開元振興公園）、南門賽馬場（今水交社文化園區），最後到後甲賽馬場（今臺南南紡一帶）。日昭和 12 年（1937）開始由官方管理臺南賽馬活動，持續至日昭和 13 年（1938）發布臺灣賽馬令為止。中日戰爭發生後，臺南舉辦賽馬活動之性質隨著戰事發展逐漸轉成，提供軍隊之軍馬資源及培育受選馬為主要任務。此外，日昭和 16 年（1941）成立了總督府種馬牧場（今行政院農業委員會畜產試驗所），目的在於使平時少與馬有互動機會的學生，為了應付戰時緊急狀況，而增進馬匹熟悉度，僅

兩年的時間就有 1000 多名本島中學以上學生前來牧場參觀。可以說政府對該牧場的建設，是肩負國防及進一步深化馬事思想的成功政策之一。

關鍵字：賽馬、臺灣賽馬令、臺南愛馬會、臺南州畜產會、種馬牧場

*　　承蒙兩位匿名審查委員提供本論文許多寶貴意見，特此感謝。另外，成功大學史學與史學研究的課堂一直推動給我力量，也感謝成功大學歷史研究所博士班學長們的幫忙。
**　國立成功大學歷史研究所博士生、文藻外語大學日本語文系兼任講師。

Horse racing in the Tainan area during The Japanese Colonial Period

Abstract

This article will discuss three aspects of horse racing activities in Tainan during the period from 1929 to 1944 from a historical perspective: the development process, the competition item of horse racing, and the transformations under the wartime regime. Through this, we aim to understand the context and influence of Tainan's horse racing on the horse racing in Taiwan.

Taipei is the first city that hosted horse racing events in Taiwan around 1928, and subsequently, various regions in Taiwan also began to hold horse racing events. Horse racing activities in Tainan began in 1929 and were held in the area where ships docked in the Tainan Canal (at the intersection of Huanhe Street and Jinhuaxin Road today). The activity was organized by the Beloved Horse Association of Tainan with the aim of promoting the develop an interest in horses. Afterwards, the horse racing venues in Tainan were successively relocated to the following three places: the Shooting Range (at Kaiyuan Zhenxing Park today), Nanmen racecourse (at Shuijiao Cultural Park today), and finally to Houjia racecourse (around TAINAN SPINNING nowadays). Starting in

1937, official authorities took control of horse racing activities in Tainan, which continued until 1944. During these time the central government issued the Taiwan horse racing rule in 1938.

With the outbreak of the Second Sino-Japanese War, horse racing in the Tainan transformed into units responsible for providing and breeding military horses. In 1941, the Japanese authorities established the Governor-General's Stud ranch (now the Livestock Research Institute of the Council of Agriculture), aiming to increase students' familiarity with horses. Through this initiative, more than a thousand students visited the farm over the next two years. It can be said that the government's construction of the stud farm was one of the successful policies for both national defense and develop an interest in horses.

Keywords: horse racing, Taiwan horse racing rule, Beloved Horse Association of Tainan, Tainan Livestock Association, stud ranch

一、前言

　　日治時期，隨著總督府之招攬移民政策，日本方面因公務、商業來臺人數增加，使臺灣越益增添日本色彩，在娛樂方面此種情況更為明顯。於臺日交織的複雜社會形勢下，賽馬乃為獲得跨民族支持的娛樂活動之一。日治時期臺灣的賽馬活動，在臺北、新竹、臺中、嘉義、臺南、高雄、花蓮等地舉行。賽馬具有娛樂活動以及戰爭用途之兩面向，人民觀賞賽馬並透過購買馬券的行為，間接支持戰爭與軍隊運作，這種兼具娛樂與支持政府的活動，在臺灣、朝鮮、滿州、關東州等地都可見到。在日昭和 18 年（1943）秋季賽馬比賽後，全臺賽馬活動終止，而此前臺南賽馬場的馬券銷量增幅，達到僅次於臺北賽馬場的程度，且除了臺北、臺南之外，其餘賽馬場皆由於戰爭惡化，逐漸改為種菜場或另作他用，由此可見臺南賽馬場是與臺北賽馬場共同存續至最後的賽馬場。

　　本論文主要由〈日治時期臺北地區的賽馬活動〉碩士論文為基礎延伸出相關議題，再進一步參考長島信弘的《新・競馬の人類学》，由人類學的觀念來檢視歷史進程，而近代日本賽馬觀念由來，則參考杉本竜所著《近代日本の賽馬　大衆娯楽への道》。另外則針對帝國馬匹協會出版之《馬政關係法規 改訂再版》、農林省畜産局之《外地及滿洲國馬事調查書》，及當時的臺灣報紙《臺灣日日新報》、《臺南新報》、《臺灣日報》等加以探討。日治時期賽馬活動的學術期刊文章，則如下所述：戴振豐於〈日治時期臺灣賽馬的沿革〉探討日治時期臺灣賽馬的歷史，並加以釐清臺灣賽馬活動之發展脈絡，本文將在其研究基礎上進一步分析當時情況。此外，岡崎滋樹在其博士論文

中，針對臺灣的馬政計畫（1936-1945）提出研究論述。必須強調，關於臺灣賽馬的研究，至今尚未得到多數學者關注，且對於日本政府在臺灣進行賽馬活動的用意，仍有許多面向值得探討，因此筆者希望通過本文得以補充學界未竟之處。

本文探討時限總計 15 年，關注從日昭和 4 年到 19 年（1929-1944），賽馬團體隨著時代變遷而產生之不同意向，及從日昭和 4 年（1929）開始的臺南賽馬活動，至日昭和 13 年（1938）臺灣賽馬法制定後，闡述由臺南州畜產聯合會（後更名為臺南州畜產會）主辦賽馬活動之情況。

本文主要目的，是通過釐清日治時期臺南賽馬的歷史發展（1929-1944），並分析其特色以說明對臺灣賽馬活動的影響，並進一步聚焦於戰爭期間，臺南賽馬活動與總督府種馬牧場之關聯性，以及論述其對戰爭的功用與意義。

二、臺灣賽馬的源起

（一）近代日本賽馬的源起與馬政局的設立

據《古事類苑》描述，日本歷史上首次提到賽馬是在《續日本記》的紀載，於日大寶元年（701）端午節的慶祝文武天皇宴會上，提及「欣賞走馬」，也就是觀看賽馬。[1] 此處言及之「走馬」為古代的賽馬活動，是在宮廷中做為神事祭禮而發展的祭儀。最初走馬的目的，雖為向神靈許願或預卜吉凶，但日後隨著武家政權的興起，走馬的風

1　長島信弘，《新·競馬の人類学》，（東京：講談社，2002），頁92。

格也趨於多樣。[2] 江戶時代末期隨著日本對外開放，政府於橫濱設立外國人居留地，日本國內首次西式賽馬，則於日萬延元年（1860）在橫濱市中區圓町舉行。從外國人定居日本開始，英國使節就要求幕府建立一座完整的賽馬場，而在日慶應 2 年（1866），根岸賽馬場即被改造成常設性質的現代賽馬場。[3]

日明治 38 年（1905）日俄戰爭後，日本的賽馬運動發生了重大變化。東京賽馬協會的創辦人加納久宣子爵與安田伊左衛門，向政府請求允許出售賽馬券，並獲得政府默許。日明治 39 年（1906）池上賽馬的首日即熱鬧非凡，[4] 不僅於 11 月 24 日開幕式，臺灣首任總督樺山資紀等人到訪，至閉幕當天，日後臺灣賽馬界的關鍵人物久邇宮邦彥親王等皇室成員也到訪參觀。[5] 然而，正值日本各地都陸續出現賽馬會時，卻出現收益的計算方式產生爭議、比賽做假等騷亂，政府遂根據日明治 41 年（1908）10 月 1 日施行的刑法，廢除販賣馬券。值得注意的是，即使無販賣馬券，賽馬仍繼續舉行，並於 15 年後，隨著日大正 12 年（1923）舊賽馬法的頒布重啟馬券銷售，以此鼓勵相關人士繁殖馬匹。[6]

在甲午戰爭和中國義和團運動後，日本軍隊意識到日本馬的脆弱性，於是在日明治 28 年（1895）6 月 18 日奉天皇之敕令，設立馬匹調查會，旨在尋求馬匹改良方法。[7] 且在日俄戰爭期間，日本陸軍也

2　長島信弘，《新・競馬の人類学》，頁 92。
3　杉本竜，《近代日本の競馬　大衆娯楽への道》，（大阪：創圓社，2022），頁 14。
4　長島信弘，《新・競馬の人類学》，頁 100。
5　杉本竜，《近代日本の競馬　大衆娯楽への道》，頁 68。
6　杉本竜，《近代日本の競馬　大衆娯楽への道》，頁 182。
7　岡﨑滋樹，〈「畜産」から見た戦前東アジアにおける農業経済圏の再編　臺湾馬政計画（1936 年～1945 年）を中心に〉（滋賀：立命館大学大学院経済学研究科博士論文，2018），頁 10。

意識到，日本馬不僅在體質和牽引力上不如歐美馬，更不易駕馭，故建請政府盡快進行馬匹改良。[8]

於是，日明治 37 年（1904）明治天皇下詔「設立馬匹改良的專門局處並應盡速彰顯成效」。[9] 以此為開端，9 月 21 日成立臨時馬政調查委員會，試圖以宮內省主馬頭藤波言忠以及獸醫學者新山莊輔為中心，成立負責改善馬匹的行政組織，[10] 並歷經八次委員會審議，立案馬政第一計畫。日明治 39 年（1906）5 月 30 日，天皇敕令第 121 號頒布馬政局官制設立馬政局，於此同時，第一次馬政 30 年計畫也於日明治 39 年（1906）公佈，期限為日明治 39 年至日大正 12 年（1906-1923）總計 18 年，以及日大正 13 年至日昭和 10 年（1924-1935）總計 12 年。然而須注意到，馬政第一次計畫主要是關於內地（日本）創建，並不包含臺灣、朝鮮、滿州等地。馬政第一次計畫的內容，具體來說為三座種馬牧場的設立、[11] 一座種馬育成所設立、15 座種馬所設立，並於日昭和 7 年（1932）時達成擁有國有公馬 1500 頭的目標。[12]

馬政第二次計畫則將臺灣納入，並增設臺灣獨自的臺灣馬政計畫綱領。臺灣馬政計畫分為第一期 10 年（1936-1945）和第二期 20 年（1946-1965），[13] 以為謀求產業及國防基礎，移入適應內地（日本）的母馬，將其與品種優良之公馬交配，量產出富耐熱性、體質強健實

8　菊池正助，《軍馬の研究》，（東京：兵林館，1910），135 頁。

9　立川健治，《文明開化に馬券は舞う—日本競馬の誕生—(競馬の社会史)》，（神奈川：世織書房，2008），頁 56-57。

10　岡﨑滋樹，〈「畜産」から見た戦前東アジアにおける農業経済圏の再編 臺湾馬政計画（1936 年～1945 年）を中心に〉，頁 11。

11　一次馬政計畫立案當初擁有三個種馬牧場，本來有奧羽、十勝、九州，後來，十勝與九州廢止了新設立日高的種馬牧場。

12　帝國馬匹協會，《馬政第二次計画》，（東京：帝國馬匹協會，1936），頁 46-53。

13　馬政計畫第二期（1946-1965）因二戰結束，日本結束在臺統治故未實施。

用的馬為目的。而在臺灣馬政計畫綱領中，亦加入促進臺灣賽馬指導原則。[14] 因此，臺灣賽馬成為國家獎勵的活動之一，不僅透過賽馬選拔出具有優秀潛力之馬，也為達成改良量產馬匹而有所貢獻。

（二）日治時期臺灣的馬匹需求

經過甲午戰爭和中國義和團運動後，日本軍隊意識到自己的馬匹的脆弱性，意圖促進馬匹改良，日明治 39 年（1906）設立了馬政局，馬政局的管轄範圍不僅限於內地（日本），更包含海外的領土，換言之，馬政局亦須經營臺灣的馬匹改良及增加馬匹數量。

另一方面，根據《外地及滿州國馬事調查書》中，日明治 33 年（1900）的描述，日治 5 年之後，全臺灣種馬數量僅有 39 匹。[15] 與牛豬被積極飼養的情形相比，當時僅有土匪頭目和政府高官為了乘坐而養馬，故馬匹的數量極其稀少。[16]

日明治 28 年（1895）在日本內地設立了馬匹調查會，因此總督府從日明治 29 年（1896）鑒於日本育馬的生產力，遂從日本內地試驗性的進口兩匹種馬，惟育種結果不明。日明治 40 年（1907）之後，因騾馬在美國和夏威夷被成功利用於耕種甘蔗，[17] 總督府糖務局為了試驗臺灣也使用騾馬之適切性，遂從滿州購買 17 頭騾馬，[18] 同時在糖業試驗場聘僱 2 名滿州人去指導本島人飼養和駕馭騾馬，但約 10 個月後，由於成效不佳便停止指導。其後，日大正 2 年（1913）總督府再

---

14 帝國馬匹協會，《馬政第二次計畫》，頁 27。
15 農林省畜產局，《外地及滿洲國馬事調查書》，（東京：農林省畜產局，1935），頁 93。
16 農林省畜產局，《外地及滿洲國馬事調查書》，頁 88。
17 農林省畜產局，《外地及滿洲國馬事調查書》，頁 89。
18 由雄騾和雌馬交配產生之雜種家畜。

次為了試驗,而從菲律賓進口公母馬各一頭,並在恆春種畜場鼓勵飼養及繁殖馬匹,日大正 15 年(1926)進口馬匹四公二母,日昭和 4 年(1929)再次從宮崎縣購買四匹公馬。以上敘述代表臺灣此時,開始實驗性的使用內地(日本)所產馬匹。

上述馬匹進口對產業發展來說是必要的,而從軍事角度來看,軍方也認為有必要加強臺灣的馬匹生產資源。於是日大正 6 年(1917)7 月,日本陸軍大臣向臺灣總督府發出通知、日大正 11 年(1922)4 月,臺灣軍隊參謀長向總督府總務長官發信,以及日昭和 9 年(1934)7 月,臺灣軍隊司令官向總督府發出通知,多次遊說增產馬匹的相關情事後,總督府也認同推動馬匹增產的必要性。然而在日昭和 10 年(1935),與養馬有關的經費雖列入預算討論,但被當時的大藏省[19]因削減開支而拒絕,因此設置臺灣產馬施設的目標被推遲實現。

三、臺南地區的賽馬活動 ·······························

(一)臺南的申請賽馬活動與臺南愛馬會的成立

目前紀錄臺灣賽馬最早的文獻,為日明治 30 年(1897)在彰化憲兵第一區隊本部所舉行的賽馬活動,但其活動詳情未見具體紀錄。[20] 日明治 40 年(1907),臺北賽馬俱樂部向總督府申請成立賽馬活動,隨後社團法人臺南賽馬俱樂部和基隆賽馬俱樂部,也相繼提出類似請願書。其中,代表臺南賽馬俱樂部之申請人,是戰前的日本貴族吉井子爵家第 13 代家主吉井信寶,以及比志島義輝、矢內妙藏、仙波兵庫等人,此外還有以臺南賽馬株式會社創辦人岩城隆長子爵、櫛笥隆

19　今日本的經濟部。

20　〈競馬及琵琶會〉,《臺灣日日新報》,1897/01/09,第 2 版。

督子爵、重城巖等人的名義,向當時的臺灣總督佐久間左馬太遞交設立請求。

吉井信寶等人的住處,分布於東京市等地,而臺南賽馬俱樂部辦公室,則位於東京都京橋區帝國賽馬株式會社創立事務所內。基於以下兩項原因,該申請議案被總督府祝辰巳民政長官駁回:

> 首先,根據民法第 50 條規定,社團法人申請賽馬俱樂部時,俱樂部辦公室應設在東京市,因此,在日本內地的公司其申請手續須於當地進行;其次,臺南賽馬俱樂部的主要宗旨雖為賽馬活動,但根據臺南賽馬俱樂部條款章程第 12 條,每有 100 名會員,則會購買一匹與 500 圓以上等值的馬匹,並若參與兩次臺南賽馬俱樂部舉辦之賽馬比賽,則可在獲得俱樂部的同意下出售馬匹,此等透過馬匹獲得金錢的手段與購買彩票相似,故禁止之。[21]

如前所述,即使當時臺灣總督府在推廣養馬方面仍步調遲緩,但在日本內地每天都有大肆批評賽馬的報導,且報社評論更進一步煽動禁賣馬券活動,即便在國會中也多次發生關於賽馬的論戰。[22] 基於上述事件,可推測總督府並未發布設立許可。

如前所述,日昭和 8 年(1933)臺南市養馬 78 匹,呈增加趨勢。究其原因,為日明治 35 年(1902)臺南步兵第二聯隊以最高 5 圓、最低 2 圓的價格,賣出 10 匹淘汰的馬,隨後餐廳鶯遷閣買下,並把餐

21　(「社團法人基隆及臺南賽馬俱樂部設立願不許可(吉井信寶外三)」(1907-04-01),〈明治四十年臺灣總督府公文類纂十五年保存追加第二十四卷甲地方司法〉,《臺灣總督府檔案・總督府公文類纂》,國史館臺灣文獻館,典藏號:00005037001。)

22　長島信弘,《新・競馬の人類学》,頁 102。

廳一部分空地改建，讓工作人員體驗馬匹並偶爾騎馬，但日後鶯遷閣的人，認為該行為沒有任何生產價值，因此決定把全部馬匹交給來自兵庫縣的黑田泰輔。黑田泰輔從事運輸業，在其事業中不僅僱傭內地（日本）人，也僱傭本島人，並決定投入馬匹做為搬運用途，這使他積累可觀的財富。由於馬匹比水牛更有工作效率，故受黑田僱傭的本島人須開始習慣操作馬匹，也令越來越多人想要養馬。[23] 之後臺南也設立臺南愛馬會，並由臺南餐廳鶯遷閣的經營者南弘出任代表，臺南愛馬會於日昭和 4 年（1929）開始舉辦臺南賽馬活動。

（二）臺南愛馬會舉辦的賽馬活動（1929-1936）

有關臺南最早的賽馬文獻，是日明治 36 年（1903）在臺南舉行的臺灣神社祭祀活動，然其內容不詳。[24] 接著是日明治 40 年（1907）於臺南舉行的祭典，其中有舉辦五、六場賽馬。[25] 關於臺灣賽馬的重要事件，發生在日昭和 3 年（1928）5 月，久邇宮邦彥親王以陸軍匿名檢閱使身分來臺，並被問及臺灣發展賽馬的問題。之後由隨行的田崎獸醫向總督府建議，經臺灣軍隊司令部斡旋，從日昭和 3 年（1928）11 月以繁育為目的，在濟南事件歸還的馬匹中，徵召 11 匹種馬出借予花蓮港廳農會，開始在內地（日本）移民村飼養。同年 11 月，有志於在臺灣推廣馬事思想和馬產獎勵的臺北乘馬會，與大日本武德會合作，按照地方賽馬規則，在臺北圓山運動場舉行臺北賽馬比賽，此象徵著臺灣賽馬的開始。日昭和 3 年（1928）10 月 1 日，賽馬活動在臺北舉行的消息傳遍全臺，而臺南也宣布計畫將以臺南愛馬會為中心舉

23　農林省畜產局，《外地及滿洲國馬事調查書》，頁 107。
24　〈臺南の臺灣神社祭禮餘興〉，《臺灣日日新報》，1903/09/30，第 2 版。
25　〈臺南祭典〉，《臺灣日日新報》，1907/10/30，第 2848 號，第 3 版。

行賽馬。[26] 同年 12 月選址並決議在臺南運河船隻停泊填土區（臺南運河舟溜埋立地），意即於遊郭[27] 後方空地舉行。[28]

　　日昭和 4 年（1929）2 月 4 日，臺南愛馬會會長橫光內務部長邀請了 100 多名來自內地（日本）與本島的有志者，說明舉辦賽馬會的目的和細節，並於會中決定役員名單，如表 1 所示。經過協議，臺南愛馬會的委員長由南弘擔任。[29]

【表 1】日昭和 4 年（1929）臺南愛馬會的役員

職稱	姓名
會長	橫光吉規
委員長	南弘
專屬	中尾重雄、櫻井三重郎
庶務股長	原田武藏
費用股長	寺川喜三郎
會計股長	佐藤秀四郎
設備股長	北川定吉
宣伝股長	川名春治
馬匹股長	佐藤秀四郎

資料來源：〈緊迫した臺南の競馬大會〉，《臺灣日日新報》，1929/02/07，第 5 版。（表格製作：作者）

　　同月 7 日，市內各餐廳、遊郭、藝妓連合等組織，捐贈 100 條大旗予賽馬活動。當時各地方所屬的騎手、相關人士與馬匹是由火車運送至各個賽馬場。[30] 例如來自臺北的臺北武德會馬術部教師鈴木政太，以及成員木村、堺、野村、北川、緒方等人，均偕馬匹一同參

26　〈臺南でも競馬會 目下計画中〉，《臺灣日日新報》，1928/10/01，第 5 版。

27　風化區。

28　〈明年一月半頃 嘉義で競馬〉，《臺灣日日新報》，1928/12/14，第 5 版。

29　〈切迫した臺南の競馬大會　百旒の大幟寄贈前景氣熾　興味は新參加中よりのダークホース飛出に繫がる〉，《臺灣日日新報》，1929/02/07，第 5 版。

30　臺灣總督府鐵道部，《臺灣鐵道史 下卷》，（臺北：近藤商店活版部，1911），頁 244。

加，乘坐夜班急行列車抵達臺南。[31]

　　第一屆臺南賽馬於日昭和 4 年（1929）2 月 10 日至 11 日舉行，比賽第一天共進行 18 場，第二天進行 16 場。此外，入場券分為兩種，單獨入場券是 50 錢，若是入場券兼買馬券，一套 5 張是 50 錢。[32]

　　下表 2 為臺南愛馬會舉辦初期之賽馬入場券與馬券價格。由日昭和 4 年（1929）慶應大學棒球觀賞券一般席位 1 圓，[33] 啤酒屋一杯啤酒 25 錢的售價來考量當時物價，[34] 賽馬入場費及馬券並非昂貴之物，相比之下，眾人較容易參與活動。

【表 2】臺南愛馬會舉辦初期的賽馬入場券與馬券

舉辦時期	入場券	馬券
日昭和 4 年（1929）春、秋季	50 錢	50 錢（包含入場券兼一套五張）
日昭和 5 年（1930）春季	20 錢	1 圓（每張）
日昭和 5 年（1930）秋季 臺灣文化三百週年的紀念活動	一般參與者為免費 但欲進入投票側的入口 則須購買二十錢入場券	

　　第一屆賽馬舉行時，規則按照日本內地的賽馬規定進行，所以競跑距離為 1000 米或 1500 米，詳細視比賽內容而定。比賽類別包括「駈足」和「速步」兩種。「駈足」指的是馬的四肢左右不對稱的踏步動作，接地的順序是右後→左後→右前→左前，或者是左後→右後→左前→右前。完成一個踏步週期時，還會有一個瞬間是四肢都浮在空中，也會有一個瞬間是三隻腳同時都著地，這是三拍子的跑法。「速

31　〈臺南競馬會へ　臺北の出場者南下〉，《臺灣日日新報》，1929/02/10，第 5 版。
32　〈面目を新に　臺南競馬大會開く開山神社祭の當日〉，《臺灣日日新報》，1930/02/15，第 5 版。
33　林丁國，〈觀念、組織與實踐：日治時期臺灣體育運動之發展 (1895-1937)〉（臺北：國立政治大學歷史研究所，2009），頁 302。
34　陳柔縉，《囍事臺灣 經典紀念版》，（臺北：麥田，2023），頁 222。

步」指的是四肢動作的順序，是（1）右後腳跟左前腳、（2）左後腳跟右前腳，成對的兩拍子跑法。

【表 3】第一屆臺南賽馬比賽項目

2月10日	場次	比賽項目	馬名（所屬）	獎金
	13	馳足	山吹（臺南）	4 圓 30 錢
	14	軍隊吃麵包競争	─	─
	15	馳足	高好（臺北）	1 圓 10 錢
	16	馳足	澤波（臺北）	1 圓 10 錢
	17	馳足	春風（臺北）	60 錢
	18	馳足	カツキ（不明）	2 圓
2月11日	1	速步	瑞聖（屏東）	─
	2	馳足	豐玉（屏東）	60 錢
	3	馳足	ツネミ（嘉義）	1 圓
	4	馳足	イサム（溪口）[35]	1 圓 70 錢
	5	馳足	イサム（溪口）	1 圓 40 錢
	6	不明	─	─
	7	馳足	イワオ（嘉義）	1 圓 20 錢
	8	高等馬術	─	─
	9	馳足	高城（新化）[36]	80 錢
	10	馬車馬競賽	本島人騎手	─
	11	馳足	フミノ（嘉義）	1 圓 10 錢
	12	步兵聯隊兵員的騎藝	─	─
	13	馳足	ヨシマツ（嘉義）	八十錢
	14	高難度障碍賽	─	─
	15	馳足	澤波（臺北）	70 錢
	16	馳足	イサム（嘉義）	2 圓 20 錢

資料來源：〈臺南の競馬大會　午後の成績〉、〈臺南競馬會　第二日　前日に劣らぬ盛況〉，《臺灣日日新報》，1929/02/12，第 3 版、夕刊第 2 版。（表格製作：作者）

此外，臺南賽馬於首日競賽第 16 場後，為臺北、嘉義、臺南代表的最佳賽馬競賽，次日第 15 場後為第一天、第二天優勝的各地代表馬及馬車馬競賽。馬車馬競賽日後成為具臺南賽馬特色的項目：馬車馬競走，更以此為契機，馬車開始在臺南市普及。次日，臺南市將冠軍旗贈送給在第 15、16 場均獲得冠軍的騎手。

35　私人養的馬匹。
36　私人養的馬匹。

　　1928 年臺北賽馬總銷售額為 6,550 圓，而臺南賽馬兩天總銷售額
為 2 萬 6,378 圓，與臺北銷售額相比超過 4 倍，可推斷首屆臺南賽馬
賽事乃取得佳績。此外，關於在臺南賽馬如何購買馬券及兌換貨幣之
事，並無文獻記載，但日昭和 3 年（1928）臺北賽馬的下注方式，是
在賽馬開始前 30 分鐘於檢閱所預選馬匹及考慮騎手，並在馬券下注
場，於欲下注馬匹的窗口交予馬券，窗口的工作人員在馬券上蓋章。
若是中獎可獲得五圓以下的獎品券，可在臺北市內數十家大型商舖使
用。[37] 根據日昭和 5 年（1930）的圖照，可知臺南賽馬的進行方式與
臺北賽馬相同。

　　取得斐然成績的臺南愛馬會，在首次比賽結束後，立即從鹿兒島
縣購買了七匹 4 歲馬，和從宮崎縣購買了兩匹馬，並於同年 11 月舉行
了第二次賽馬活動。此次，日昭和 4 年（1929）之第二次賽馬活動，
增加了 2000 米的比賽。

　　從日昭和 5 年（1930）春季開始，賽場入場券改為 20 錢，馬券
則改為每張 1 圓。出現此變化的原因，是賽馬活動的本質，為提高民
眾對馬匹的興趣，而為實現此目標因此調降票價。[38] 春季賽馬除有 57
匹馬參賽外，被認為是臺南特色的馬車馬，也有 15 匹參加比賽，總共
70 多匹馬參加比賽。[39]

　　原計畫在秋季舉辦多場紀念臺灣文化三百週年的賽馬活動，因比
賽前幾天發生霧社事件，出於對罹難者的哀悼，部分活動因此取消，
但賽馬仍如常舉辦。一般參與者為免費，但欲進入投票側的入口，則

37　〈開期迫る　初の競馬會　◇…馬券の行使方法 / 賽馬會の町廻り〉，《臺灣日日新報》，
　　1928/11/22 日，第 7 版。
38　〈面目を新に　臺南競馬大會開く開山神社祭の當日〉，《臺灣日日新報》，1930/02/15，第 5 版。
39　〈臺南の競馬　參加約七十頭〉，《臺南新報》，1930/02/11，夕刊第 2 版。

須購買 20 錢入場券。日治時期百貨公司為吸引客人,在開業與舉辦活動時常可見抽獎活動,臺南賽馬也有舉辦購買入場券可參與抽獎之類似活動。每 1000 人將抽出一等獎 50 圓一位,二等獎 10 圓一位,三等獎 5 圓八位。[40] 此外,為防範比賽作假,比賽詳情須待比賽當天早上才在賽馬場公佈。如下圖所示,馬券投票所可見投票者拿著欲下注馬的號碼,而群聚於投票所。

日昭和 6 年(1931),由臺北馬事協會、臺中產馬會、嘉義產馬會、臺南愛馬會、高雄產馬會、屏東愛馬會等組成臺灣賽馬協會,並制定賽馬施行規程,且舉辦前各地的賽馬團體,會相互商量舉辦賽馬的日期和方式。臺灣賽馬協會賽馬施行規程的內容,由 11 章和附則組成,可登錄馬的資格調整為明年滿 3 歲至 11 歲。[41] 駈足以及障礙比賽

臺南運河地賽馬場的情況。上:起跑的騎手,中:湧至投票所的馬迷,下:密集的觀眾群。資料來源:〈臺南競馬大會〉,《臺南新報》,1930/02/16,第 4 版。

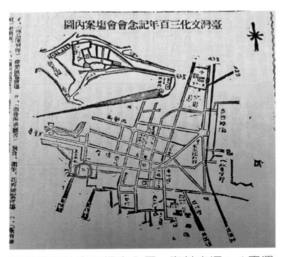

臺南運河地賽馬場案內圖。資料來源:〈臺灣文化三百年記念會趣旨〉,《臺南新報》,1930/10/18,第 3 版。

40 〈競馬期日迫る入場券にも富籤〉,《臺南新報》,1930/10/28,第 7 版。
41 農林省畜產局,《外地及滿洲國馬事調查書》,頁 117-130。

現在臺南運河地賽馬場跡，今環河街和金華新路的一角，是昔日臺南運河地賽馬場。
資料來源：Google map 22.993265, 120.191759。閱覽：2022/12/04

的參賽年齡，為明年滿 4 歲至明年 10 歲，速步比賽為明年滿 4 歲至明年 12 歲。但若參加賽馬比賽 2 年以上者，則馱足及障礙比賽的參賽年齡，將允許至明年滿 12 歲，速步比賽將允許至明年滿 14 歲。且第一次參加馱足及障礙比賽的新馬，不得超過明年滿 8 歲，速步比賽則為明年滿 10 歲。此外，馬的負擔重量設定為 54 到 70 公斤之間。負擔重量指比賽中馬背上的重量，也就是騎手、騎手的服裝、馬鞍和鞍褥。如果重量輕則速度變快，反之重時則速度變慢，對於障礙比賽，這是不利的。因此為增加比賽可看性，獲得一等獎的榮譽者，每次獲勝將增重 2 公斤重量，速步則是每次獲勝則退後 30 米進行比賽。比賽類型的公告，主辦方須在七天前發表比賽的類型、方法、次數、申請出賽

截止日期、馬體檢查的日期和時間位置、獎金分類、分組方式等等。
騎手則採登記制，騎手登錄時間一年，騎手資格和禁止事項都有設立
規則，甚至連裁判的細節都有規定。

　　賽馬舉辦的時期為春秋兩季各一次，每次各 4 天以內，一天的競
走次數在 12 次以內。賽馬競走的種類，是馳足、速步以及障礙競走共
三個項目，此三項目皆有詳細的規程。根據同規程第 9 章〈景品券〉，
投票馬券押中的人，要在景品券販售所，用馬券證明來兌換成賽馬會
發行的景品券，因為當時臺灣規定不能把押中的馬券轉換成現金，因
此才有交換成景品券的方法。如果在當天最後一場競賽結束後一小時
內還沒更換的話，該中獎馬券就會失效。

　　日昭和 6 年（1931）秋季起，由於臺南運河地賽馬場跑場狹窄，
新設南門賽馬場（今水交社文化園區）準備開工，將場地遷至陸軍臺
南第二聯隊練兵場，通稱三分子陸軍射擊場（今開元振興公園）舉行
賽馬。三分子陸軍射擊場的概觀是四面寬闊，草原上規畫跑道可以讓
馬匹全力推進奔跑。[42] 另外，臺南賽馬亦首次使用 800 米跑道。

　　當時臺灣尚未制定賽馬法令，故警察根據內地（日本）的地方賽
馬規則執法，當地警察管理當地各賽馬場，且顯然對賽馬有直接的管
控權。[43] 此外，日昭和 10 年（1935）春季賽馬時，有位騎手在得獎
後由於體重檢查發現不足一公斤，引發馬主及投票者發生大混亂的情
形，臺南警察局因此派出警察官與協會人士舉行協議，顯示警察機關

42　〈臺南に開く競馬大會　來月一日から練兵場に〉，《臺灣日日新報》，1931/10/28，第 3 版。〈臺
　　南春季大競馬〉，《臺南新報》，1932/03/18，夕刊第 2 版。
43　例如臺南警察署伴保主任在比賽開始前召集了 16 名騎手，並下令嚴防春季新竹發生的作假
　　事件再次發生。

握有管理賽馬的實權。[44]

　　賽馬的觀眾不止是內地（日本）民眾，從此時起，來自本島人的賽馬迷人數也急劇增加。從表 4 所示可知，騎手雖大部分為內地（日本）人，但仍有數名本島騎手。根據臺灣賽馬協會賽馬施行規程，若已登錄在臺灣賽馬協會名簿中，則不分內地（日本）人、本島人差異，皆給予平等的出場機會。

　　每當賽馬比賽開始時，連與賽馬相鄰的遊郭區和花街區的藝妓也蜂擁而至，且時常準備成疊鈔票衝向會場。特別是在遊郭方面，為了配合日昭和 7 年（1932）春季賽馬的 3 月 19 日至 21 日，遊郭的法定假日更提前到 16 日，由此可看出該區市場營銷策略的目的，是無論輸贏皆在賽馬後藉以吸引顧客。[45]並且，此季不僅有臺南著名的馬車馬競賽，還舉辦了為期三天的臺南愛馬會老少混合騎手之競走賽馬。

【表 4】日昭和 7 年（1932）春季老少混合騎手的混合賽馬名單

日期	騎手姓名
第 1 天	南、井戶、柏原、山本、矢頃、立河、黃圓明、○萬草、吳順良、侯○壽
第 2 天	加藤、神德、栂井、寺川、金山、松田、小山內、山岡、岡本、江頭
第 3 天	佐藤、澤田、荒木、加藤、村田、岩永、石井、薮、柏、金丸、中尾
出場馬	漣、霞、村雨、燕、金剛、山村、浦疲、白龍、高山、千鳥

資料來源：〈臺南の賽馬　老若愛馬會員〉，《臺南新報》，1932/03/17，第 7 版。（表格製作：作者）

44　〈臺南競馬場　大混亂に陷る　勝馬の重加量不足で〉，《臺灣日日新報》，1935/03/17，第 3 版。
45　〈臺南春季大競馬愈々今日から〉，《臺南新報》，1932/03/19，第 7 版。

南門賽馬場。上：賽馬場概觀，中：賽馬比賽
的樣子，下：馬匹檢閱場（Paddock）。資料
來源：〈臺南の競馬大會〉，《臺南新報》，
1933/03/12，第 7 版。

南門賽馬場的新設看臺。
資料來源：〈臺南の競馬　愈々廿五日より〉，
《臺南新報》，1933/11/23，夕刊第 2 版。

日昭和 8 年（1933）春季，南門賽馬場建成，擁有周長 1000 米、
寬 21 米的跑道。自此，臺南消防隊負責整備門票、節目、座位票等辦
理會場支援，並同時進行警備工作。[46] 春季雖於南門賽馬場舉行，但
由於會場維護不善，僅能在沙塵暴中進行。秋季，在賽馬場南側完成
了主看臺、投票所、觀看今日出賽賽馬與騎手狀況之地的馬匹檢閱場
（Paddock）設置，搬遷工作終於完成。[47] 顯然總督府對臺南賽馬寄予
厚望，第一天今川臺南州知事就帶領中川總督一行人視察賽馬場。[48]

日昭和 9 年（1934）秋季賽馬首日入場數達 5000 人次，[49] 而當
年度最後一日更超過 8000 人。[50] 據當時的報導指出，不僅是內地（日
本）人，還有本島人的賽馬迷參與賽馬活動。此前的報紙雖報導賽馬
場大獲成功的情況，然而並未言及來客的類別，例如內地（日本）人

46　〈臺南の競馬參加百三十頭〉，《臺南新報》，1933/03/06，夕刊第 2 版。

47　〈競馬場を移轉〉，《臺灣日日新報》，1933/11/15，第 3 版。

48　〈臺南秋季大競馬熱鬧〉，《臺南新報》，1933/11/27，第 8 版。

49　〈前日の盛況に人氣沸騰〉，《臺南新報》，1934/11/05，第 2 版。

50　〈臺南競馬　最終日の盛況〉，《臺南新報》，1934/11/12，第 2 版。

和本島人，直到此次新聞才有相關報導，而此前臺南的賽馬活動，多由內地（日本）人舉辦，由此參加盛況，可稱是內地（日本）人與本島人聯合活動傳播賽馬理念的成功範例。

日昭和11年（1936）6月在臺灣賽馬令即將制定前，政府命令將賽馬組織的權限移交總督府，臺北、新竹、臺中、嘉義、臺南、高雄、屏東等地的賽馬組織，陸續將權限交付於州畜產組合聯合會。當局的政策是接收賽馬團體的權力，以傳播馬為本島國防和產業上馬事思想的理念，並為因應緊急狀況而獎勵繁殖馬匹。此外，臺南愛馬會代表南弘，於五日前往臺北與各州賽馬會代表會談。雖是要拜訪總督府殖產局中瀨殖產局長，與其討論賽馬轉讓方針等事宜，但尚有向經營臺南賽馬活動的臺南愛馬會賠償，和安撫相關人士等問題。[51]

（三）臺南州畜產聯合會舉辦的賽馬活動（1937）

日昭和12年（1937）2月，召開臺南州畜產組合第二屆通常總會，以聯合會長川村臺南州知事為首，各組合會長及所有長官出席，商議今秋的賽馬活動由臺南州畜產聯合會為主辦單位，同年7月，臺南州畜產聯合會再度召開總會，決議此次秋季賽馬將仿效其他州，由畜聯主辦舉行。由於必須進行相關之權力轉移，川村知事、金子勸業課長和今後技師於7月9日聚集在知事辦公室商討，大致決定賽馬比賽的方針如下：

> 一、從日昭和12年（1937）秋季的賽馬開始，主辦臺南州畜產聯合會地點在嘉義、臺南兩地輪流舉行。
>
> 二、致贈獎勵金給嘉義產馬會及臺南愛馬會。

51　〈南部民間競馬團體 各準備移讓〉，《臺灣日日新報》，1936/06/08，第8版。

三、賽場擴張至 1600 米。

四、獎勵金 2 萬元贈與嘉義，3 萬元贈與臺南。

此外，因日昭和 12 年（1937）時兩地賽馬場的跑場只有 1000 米，將來必須擴張至 1600 米，但南門已無新設賽馬場的空間，因此決定將臺南賽馬場搬到永康（即後甲賽馬場）附近。[52]

四、臺灣賽馬令制定後臺南賽馬的定位

日昭和 12 年（1937）12 月 21 日實施臺灣畜產會令，設立各州的畜產會及統合各州畜產會的臺灣畜產會，而原本是畜產組合聯合會負責舉辦賽馬活動，則由身為法人組織之州畜產會繼承，因此首日昭和 13 年（1938）春季賽馬為始，從臺南州畜產聯合會改為由臺南州畜產會經營舉辦。

日昭和 13 年（1938）5 月 14 日，眾所盼望的《臺灣賽馬令》及《臺灣賽馬令施行規則》以律令第 6 號及府令第 91、92 號，在臺灣頒布並開始施行。由總督府直接指導監督，臺灣開始實施備受期待之臺灣賽馬令。根據當時的報導，《臺灣賽馬令》的制定背景如下：

做為臺灣馬產計畫第一階段，臺灣賽馬令雖已決議制定，但目前正在與法制局商討加入特殊情況的條文。以各州新成立臺灣畜產會的法人為主體，對目前的 7 個賽馬場進行整修授權，馬券、獎金等項目目前正在洽談中。[53] 雖內地（日本）、朝鮮和滿州都有施行賽馬法，但尚未在臺灣實施，因此除了各州警察進行取締賽馬違規外，沒有統

52　〈臺南、嘉義兩競馬は　今秋から畜聯できのふ買收移管に就て協議〉，《臺灣日日新報》，1937/07/10，第 9 版。

53　〈臺灣競馬令施行　來春三月の賽馬から〉，《臺灣日報》，1937/11/20，夕刊第 2 版。

一的法規。賽馬令於日昭和 10 年（1935）5 月進入審議階段，卻因審議事務官兼文書課長川村事務官之政務關係，以及代表前去東京的總督府高層幹部被免職而再次審議，至此賽馬令的實行停滯不前。[54] 日昭和 3 年（1928）臺北舉辦賽馬後，臺灣賽馬協會以及賽馬相關人士多次要求臺灣也實施《臺灣賽馬令》，然其進展並不順利。於是日昭和 13 年（1938）年 5 月 14 日，期盼已久的《臺灣賽馬令》及《臺灣賽馬令施行規則》以律令第 6 號及府令第 91、92 號制定，雖說當時臺灣已實施臺灣賽馬協會賽馬施行規程，但該規程並非政府制定的法律。此次《臺灣賽馬令》及《臺灣賽馬令施行規則》，可說是臺灣賽馬史上的重大轉折。

臺灣賽馬令由 21 條加上附則第 9 條之二組成，[55] 其施行的主要規則是：賽馬場必須長 1600 米、寬 3000 米，備有兩個以上 51 米以上和 100 米以上的坡度。此外，還包括裁判、起跑、比賽馬以及馬場的控制、檢重、獲勝的判定、培育師、騎手的懲處等。

除了上述規則外，馬券發售分為 2 圓、5 圓、10 圓及 20 圓等 4 種，雖單次競賽單人僅可購買一張馬券，但馬券金額 10 圓以下時依單勝式、[56] 複勝式，[57] 可購買達到 20 圓為止的馬券數量。[58] 未成年者及賽馬關係者禁止購買馬券，而實施賽馬令前獲勝的馬券，以商品券形式

54　〈臺灣競馬法審議停頓　警務局擬促進審議　本年售馬券百九十四萬圓〉，《臺灣日日新報》，1936/12/21，第 8 版。

55　國馬匹協會，《馬政關係法規 改訂再版》，（東京：帝國馬匹協會，1938），頁 1573。

56　單勝式指的是中注優勝的馬匹，僅認定優勝的馬，因此賠率比複勝式還高。

57　複勝式指的是中注優勝至第三名的馬匹，雖可隨機認定優勝至第三名的中獎馬匹，但賠率比單勝式還低。例如出賽 8 匹馬以上的情況以至第三名為止、出賽 7 匹馬以下則至第二名為止中獎、出賽 4 匹馬以下的情況則不販賣複勝式馬券。

58　即是說，可購買二圓 x 五張、五圓 X 四張、十圓 X 二張的馬券。目前仍無法確定是否可混合購買單勝式、複勝式馬券。

兌換，法令實施後得以換成現金，且兌換現金之金額，不得超過馬券購買金額的 10 倍。關於馬券販賣，畜產會對於賣馬券之獲利，[59]臺灣總督府規定所得金額 10% 需向政府繳納。此外，包含裁判、起跑、出賽及賽馬違規取締、測重、獲勝馬匹認定、訓馬師、騎手的處罰等規則，將臺灣賽馬稱之為從日本內地延伸出地區賽馬之一環，並在賽馬令的規範下，重新開始較為適切。

（一）賽馬令制定後由臺南州畜產會舉辦的賽馬（1938-1943）

臺南州畜產會成為主辦單位，自日昭和 13 年（1938）春季起，臺南賽馬政策發生重大轉變。舉例來說，在日本內地不常見，在臺灣更不用說的空中散發賽馬傳單。馬是國防重要的一部分，所以臺南一號機飛機，按照順序從曾文、新營、東石、北港、虎尾、斗六、嘉義市、新化等地飛越全臺南州，並派發 10 萬張臺南賽馬的宣傳單。[60]

臺南愛馬會主辦賽馬時，除了派發宣傳單，讓大眾直接參與賽馬之外，還會頒發獲勝旗幟，雖然之前也有此作為，但並無以總督府和臺南知事名稱授獎等，使用行政機關名稱頒發獎項。將主辦單位從民間組織轉為國家行政組織，透過臺南州畜產聯合會的賽馬，讓大眾對馬有了熟悉的感覺，同時也可增加一般人民之馬事思想，這也是促進對時局動員的一環。

賽馬令制定後，臺南州於日昭和 13 年（1938）8 月為糾舉舞弊及作弊馬主，選定出賽馬匹的工作，改由畜產會代行，並制定寄託賽馬用馬匹之規定，其後於日昭和 13 年（1938）年 9 月 1 日，制定專屬臺

59　賣得金指的是從販賣馬券金錢衍伸出的獎金。
60　〈臺南春季競馬　空中から宣傳〉，《臺灣日報》，1938/03/19，第 7 版。

南州之臺南州畜產會賽馬施行規程。臺南州畜產會賽馬施行規程總共
120 條，由日昭和 6 年（1931）年實施之臺灣賽馬協會賽馬施行規程，
和臺灣賽馬令複合而成。臺南州畜產會賽馬施行規程中須注意的是，
關於舉辦執務委員的記載，其中詳細記載以裁決委員為首、起跑委
員、名次裁判委員、場內取締委員、馬券委員的負責事項，此等記述
在臺灣賽馬協會施行規程中並無記載，雖在臺灣賽馬令中，有確立舉
辦執務委員制度的項目，然而具體內容卻無記載。因此可以得知在實
際賽馬中，委員執行賽馬活動的方法。

　　臺灣舉辦賽馬活動的本質，在於加深臺灣人的馬事思想和獎勵繁
殖馬匹，在賽馬令實施後，自內地（日本）不斷向臺南輸入馬匹，實
際在臺南出賽的馬匹產地資訊，將以資料為本進行考察。

【表 5】臺灣賽馬令實施後輸入至臺南的馬之產地

輸入或購買日期	購買者	產地	數量	用途
日昭和 13 年（1938）11 月 2 日	臺南州畜產會	熊本	20 匹	賽馬
日昭和 13 年（1938）11 月 2 日	臺南州畜產會	宮崎、鹿兒島	兩縣共 10 匹	賽馬
日昭和 14 年（1939）11 月 16 日	臺南州畜產會	東北地方	44 匹	繁殖用公馬
			88 匹	使役馬
			2 匹	用途不明母馬

資料來源：根據〈競馬購入電〉，《臺灣日日新報》，1938/11/02，第 5 版。〈臺南州購入の新馬百餘頭　十六日に基隆到着〉，《臺灣日日新報》，1938/11/13，第 5 版。（表格製作：作者）

　　如表 5 所示，輸入臺南的馬匹，以九州區域或東北地區為多數，
鑒於其他地區的賽馬狀況，當時並無臺灣產的馬於臺灣賽馬活動出場
之紀錄，實際於賽馬令實施前，騎手做為馬主人的仲介人，從內地
（日本）輸入競賽馬的案例非常多。[61] 至於關於購買方面，總督府和
畜產協會向內地（日本）派遣技師、挑選馬匹，貨運運送路線則從內

61　小川薫，〈臺灣競馬界の沿革と其の將來〉，《臺灣時報》，1939/05，頁 29。

地（日本）至基隆，再從基隆以鐵路運送至臺南。[62]

　　日昭和 15 年（1940）5 月 4 日後甲賽馬場（今臺南南紡一帶）舉行開幕儀式。後甲賽馬場的特徵，為跑道周長 1800 公尺之圓角等腰三角形，觀眾席可容納 2000 人，建築物材質則以木材為主。馬場種植草皮，並施以庭園式的裝飾，其餘則在跑道西側有新舊的馬廄和病馬馬廄，北側有為了改良農場馬而設置的農場鍛鍊所，後甲賽馬場與臺灣其他地區賽馬場不同之處，在於其比賽行進方向為左迴圈，由於除了臺南外全島的賽馬場比賽皆為右迴圈，故更加突顯出馬匹的缺點，觀眾在購買馬券時須將此因素列入考量。隨著日昭和 16 年（1941）年全島騎馬大會的舉行，更將設備擴充成以騎馬練習所為中心設置馬廄、賞馬處、固定障礙物的裝設等，後甲賽馬場因此成為全島第一的馬事公園。[63]

後甲賽馬場觀眾席和投票所。
資料來源：〈臺南の春競馬　初日に大穴二回〉，《臺灣日日新報》，1940/05/06，第4 版。

後甲賽馬場。
資料來源：〈新裝成った臺南競馬場　きのふ晴の開場式〉，《臺灣新聞》，1940/05/05，第 4 版。

62　舉例來說，當臺北的北投賽馬場初設之際，由於北投車站的月臺較短，如何將馬搬運卸下之問題，而 1940 年時為了運送至臺中賽馬場（今臺中成功嶺）的馬廄，到達王田火車站（今大肚火車站）的列車在卸貨之際，造成馬匹脫逃的事件。火車運輸與舉辦賽馬活動有難以分割的關係。

63　〈全島騎道大會開催　臺南市て來月十六、七兩日〉，《臺灣日日新報》，1941/07/25，第 4 版。

從日昭和 15 年（1940）的春季賽馬開始，原本 2 圓馬券提升至 5 圓。此外，於臺南州畜產會主辦之賽馬活動中設立新的比賽，如臺南市長盃、臺灣畜產獎盃、臺灣知事獎盃、臺南記念盃、臺灣總督獎盃、臺灣總督盾盃、日昭和 16 年（1941）12 月 17 日發生中埔地震（震央位於嘉義）之捐款競賽等等。臺南州方面雖為祭拜因新東亞建設而犧牲的英靈，以及養成臺南州民眾之國民

臺南忠靈塔。現存於臺南市體育路，2021 年起由臺南市政府文化局管理。（2022）

精神，將整合建設包含忠靈塔、競技場、網球場、綜合馬術競技場等綜合運動場在內之國民道場，然而臺南州和臺南市的預算已無法負荷，故轉而對州民募款。另一方面，肩負臺灣賽馬活動在日昭和 15 年（1940）舉行之，秋季賽馬忠靈塔建設基金募款競賽盃，於 12 月 15 日活動第一天進行四場比賽，募得總金額 2313 圓 60 錢而得以建設忠靈塔。[64]

自日昭和 16 年（1941）春季起，舉辦本島最初的國防募款 2000 公尺呼馬障礙賽。[65] 原應於日昭和 16 年（1941）12 月 13 日舉行之秋季賽馬活動，由於 12 月 7 日日本軍方採取珍珠港攻擊行動，因自肅而被迫中止，此為臺南賽馬活動首次延期。約一個月後於日昭和 17 年

64　依現今貨幣價值換算約為 27 萬臺幣（約 120 萬日幣）。〈臺南秋賽馬　初日の成績〉，《臺灣日日新報》，1940/12/16，第 4 版。

65　「呼馬」指的是由馬主人自行購買的馬匹。

（1942）1月24日秋季賽馬再次展開。因應2月時設置戰時馬政計畫，臺灣畜產會決議新設立，抽籤馬的資格條件為阿拉伯馬種或含阿拉伯馬種血統25％以上，[66] 並另外設置軍用規格的競賽，於日昭和17年（1942）春季開始，從臺南的賽馬活動中選出合適馬匹競賽，舉辦軍用規格之馬匹競技，同時也公布臺灣馬券稅令，於日昭和17年（1942）年秋季舉辦臺灣産馬匹的競賽。

內地（日本）則於日昭和16年（1941）10月1日起，全面禁止使用做為乘用車燃料之汽油，觀眾被迫步行至賽馬場觀賽，並極力減少以貨運車運送馬匹的方式，距離近時改以牽引馬匹的方式運送至賽馬場。[67] 嘉義賽馬場也有相同情況，因限制汽油使用的緣故，嘉義車站至嘉義賽馬場約3.5公里之距離，被迫以步行方式前往。[68] 然而後甲賽馬場從開幕至日昭和18年（1943）秋季，有從臺南車站往返的公車行駛，舉辦臺南賽馬時並未見運送賽馬的相關規定。[69] 日昭和18年（1943）末總督府公布，關於臺灣方面舉辦賽馬活動之臨時實施綱要，決議臺北、臺南暫停舉辦賽馬活動，將來首要發展做為軍馬資源之臺灣産馬，及受選馬之培育，並以充實軍馬資源為主。內地（日本）停止舉辦公立賽馬活動，徒留東京賽馬場、京都賽馬場，僅舉行無發售馬券的賽馬能力檢定競賽。由於第二次世界大戰戰況惡化及其他因素，臺南賽馬活動自日昭和18年（1943）秋季賽馬後，[70] 遂終止已進行約15年的賽馬活動。此外，賽馬活動結束後，全島的退役賽馬均轉

66　阿拉伯血統的馬匹，爲最符合國防要求之馬種。

67　日本中央競馬會，〈競爭馬の輸送問題〉，《優駿》，第二卷第六號，（東京：日本中央競馬會，1942年6月），頁30-31。

68　〈嘉義賽馬開催に悩み　賽馬場行のバス運行殆ど絕望〉，《臺灣日日新報》，1941/09/01，第4版。

69　〈臺南驛ヨリバスノ便アリ　臺南秋競馬〉，《臺灣日報》，1944/01/23，第3版。

70　事實上，1944年1月仍舉行。

為農耕馬，[71] 期望能籍此對國家產能有具體貢獻。除此之外賽馬活動終止後，總督府考察了取代賽馬的馬產獎勵方法之後，決定由總督府繼續直營該生產獎勵，並計畫擴充州廳畜産會支部做為馬匹的能力檢定，與調教鍛鍊的機關。[72]

（二）臺灣總督府種馬牧場（新化種馬牧場）的成立

臺南地區不僅只舉行賽馬活動，日昭和 16 年（1941）臺灣總督府更成立種馬牧場。日治時期初期臺灣馬匹稀少，而且臺灣部分民衆並沒看過馬，以及對臺灣來説馬匹立足於國防需求，希冀從内地（日本）引進合適的種馬與優良的母馬交配，進而培育出具耐熱性、實用且有能力的馬匹，[73] 使其成為強大的資源。特別是臺灣乃日本殖民地中唯一的熱帶地，因此軍方積極鼓勵對於產馬的改良，如此一來，除了讓本島人更加熟悉馬匹之外，也必須開始馬事思想的普及。因此，臺南地區始有代表性的賽馬活動與種馬牧場的設置。

日明治 38 年（1905）臺灣總督府中央研究院恆春種畜支所成立，該機構原是牛的改良試驗研究機構，自日大正 2 年（1913）起兼作產馬試驗研究，[74] 成為臺灣第一間國家產馬機構。隨後臺灣馬政計畫推行時，日昭和 12 年（1937）殖産局在花蓮吉野村設立種馬所，並計畫未來 10 年增加 56 匹，30 年增加 350 匹。至日昭和 11 年（1936）計畫 5 年後，在臺灣西部擴建兩處新址，[75] 於是新化郡成為下一個

71　〈けふ愛馬の日〉，《臺灣新報》，1944/04/07，第 3 版。

72　〈馬産奨励法決る〉，《臺灣新報》，1944/04/23，第 2 版。

73　臺灣總督府殖産局，《臺湾農業年報 昭和 18 年版》，（臺北：臺灣總督府殖産局，1944），頁 194。

74　農林省畜産局，《外地及満洲國馬事調查書》，頁 101。

75　〈花蓮港吉野村に　種馬所を新設　舊年度から年年増殖〉《臺灣日日新報》，1936/05/29，5 版。

選擇地點。

　　早在日大正 12 年（1923），中央研究院恆春種畜支所就曾到新化郡的九厝林（今九層嶺）一帶視察私人牧場，[76]在當時似乎新化郡已經被認定是建造種馬的計畫地點之一。日後考慮適合馬護蹄的地形、土壤條件和飼料作物的收穫條件氣候，[77]於日昭和 16 年（1941）年成立了總督府種馬牧場（今行政院農業部畜產試驗所），其位於新化郡新化街的種馬牧場，牧場裡配備了馬廄、治療室、裝蹄場和員工宿舍，[78]而總督府農務課技師小川薰則從花蓮港種馬所，調任到總督府種馬牧場擔任所長一職。[79]

　　本牧場根據馬產政策，以生產及繁育從內地（日本）移植之馬匹為目標，培育耐熱體質強、骨量充足、實用能幹的小格挽馬，生產農用與適於操用的使役馬。工作內容包括西部五州馬的繁育、種馬生產與訓練、幼馬繁育與訓練、產馬技術人員和蹄鐵工的培訓、育種及產馬成果研究、關於馬匹的各項研究、飼料作物栽培和試驗、教授馬匹操縱技巧和實際演練等。[80]新化種馬牧場佔地為 2,701.2711 公頃，[81]無論是飼養馬匹的數量還是規模，都是日本罕見的大型牧場，被稱為全島產馬指導的起源地。[82]

76　〈臺南／東城技師視察〉，《臺灣日日新報》，1923/06/13，第 4 版。

77　臺灣總督府種馬牧場，《牧場要覽》，（出版地不詳：臺灣總督府種馬牧場，1941），頁 4-5。

78　〈新化の種馬牧場開催　種馬育成、調教、飼料作物の栽培等　本島馬匹增殖に一役〉，《臺灣日日新報》，1941/12/07，第 4 版。

79　〈府農務課小川薰技師榮轉〉，《臺灣日日新報》，1941/09/09，第 2 版。

80　臺灣畜產會，〈臺灣總督府種馬牧場規程〉，《臺灣畜產會會報》，（臺北：臺灣畜產會，1941）頁 71。

81　林政儒，〈曇花一現的臺灣馬產事業：臺灣總督府種馬牧場〉，國立臺灣圖書館歷史地景，https://wwwacc.ntl.edu.tw/public/Attachment/4111417103269.pdf。閱覽日：2023/01/08。

82　臺灣總督府殖產局，《臺灣の產業》，（臺北：臺灣總督府殖產局，1941），頁 38。

臺灣總督府種馬牧場成立啟業式，新化第八區部落會小朋友合照。可見「馬是兵器，訓馬，愛馬」的標語。資料來源：新化武德會的牆壁展示說明牌。

戰時嘉中學生暑假去善化總督府種馬牧場學騎馬。資料來源：〈戰時嘉中學生暑假去善化總督府種馬牧場學騎馬〉，國家文化資料庫。

　　新化種馬牧場開幕僅兩年時間，日昭和 18 年（1943）就有1000多名本島中學以上的學生，前來牧場進行馬匹的全方位訓練。在戰火臨近臺灣時局下，平時不與馬有互動的學生，為了演練緊急狀況，暑假期間會到新化種馬牧場參觀，並有機會與馬匹互動。從以上所述可知，透過賽馬和種馬牧場等各種管道，人民有機會接觸馬事思想，然而實際上與馬實際接觸卻並非容易之事。透過與馬的互動，可以學會騎馬，培養愛馬之心以加深對馬的認識，並在緊急情況下，馬可做為武器對抗敵國。意即是該牧場的建設，是肩負國防責任並足以深化馬事思想的成功範例之一。

五、結語

　　本文主要聚焦於臺南地區的賽馬活動，藉由其發展過程討論臺灣總督府實施種馬牧場之政策。在日治初期，總督府曾在臺灣試圖進行馬匹改良，然而未獲成效，且後續總督府並未積極面對臺灣的馬匹問題，致使本島人缺乏對馬匹的認識。臺灣賽馬政策的重要轉變期，發生在日昭和 3 年（1928）5 月，久邇宮邦彥親王以陸軍匿名檢閱使身

分來臺，並以繁育為目的，在花蓮內地（日本）移民村飼養馬匹。同年 11 月，以在臺灣推廣馬事思想和馬產獎勵為目標，而在臺北舉行賽馬比賽，此象徵著開始臺灣賽馬的序幕。次年日昭和 4 年（1929），臺南也宣布計畫以臺南愛馬會為中心，在臺南運河船隻停泊填土區舉行賽馬，首次舉辦成果因總銷售額超越臺北而取得大成功。但日後由於跑場狹窄，便於日昭和 8 年（1933），將場地遷至三分子陸軍射擊場舉行。從上述表格可觀察到，雖然當時舉辦賽馬活動之相關人士多由內地（日本）人組成，但賽馬騎手或觀賞者則不分內地（日本）人和本島人皆可參與，可推斷在參與賽馬活動方面，較無本島、殖民地之差別待遇。

後來隨著日昭和 11 年（1936）臺灣馬政計畫的成立，和臺灣軍隊的呼籲，臺灣產馬的馬匹數量逐漸增加。其中由於臺灣馬政計畫的實施，和中日戰爭爆發，加上時人期盼臺灣賽馬令制定，因此臺南賽馬的角色，逐漸轉向戰爭面向。以日昭和 12 年（1937）為始，官方接續管理臺南賽馬，並透過臺南州畜產聯合會，於日昭和 13 年（1938）由臺南州畜產會主辦賽馬活動。臺南賽馬的特色，早期比賽項目包含馬車馬競賽，而後期更於臺南州畜產會主辦之賽馬活動中，設立嶄新的盃賽，例如臺灣畜產獎盃、臺南記念盃、臺灣總督獎盃等等，可見主辦單位的多元，和官民雙方關係之緊密。

待後甲賽馬場設立後，該場地比賽行進方向為左迴圈，賽馬場更將設備擴充，形成以騎馬練習所為中心設置馬廄、賞馬處、固定障礙物裝設等設施，後甲賽馬場因此成為全島第一的馬事公園。後甲賽馬場的特徵，為跑道周長 1800 公尺之圓角等腰三角形，觀眾席可容納 2000 人，規模足以舉行全島騎馬大賽，但由於戰爭影響建材取得

困難，故建築物材質以木材為主。珍珠港事件後，因應 2 月公告之戰時馬政計畫，臺灣畜產會決議增設軍用規格的競賽，遂於日昭和 17 年（1942）春季開始，從臺南的賽馬活動中選出合適馬匹，舉辦軍用規格之馬匹競技，同時也公布臺灣馬券稅令，於日昭和 17 年（1942）年秋季舉辦臺灣產馬匹的競賽。

另一方面，由於戰爭物資緊缺的原因，日昭和 18 年（1943）末，總督府公布臺灣方面舉辦賽馬活動之臨時實施綱要，決議臺北、臺南暫停舉辦賽馬活動，未來將首要發展軍馬資源，及培育受選馬，並以充實軍馬資源為主要目的，且內地（日本）停止舉辦公立賽馬活動，僅舉行無發售馬券的賽馬能力檢定競賽。由於第二次世界大戰戰況惡化之故，臺南賽馬活動自日昭和 18 年（1943）秋季賽馬後，[83] 遂終止已進行約 15 年的賽馬活動。此外，由於臺南地區總督府種馬牧場的設立，使民眾從遠處觀看賽馬，變成實際上可與馬產生互動，進而深化有關馬的知識，可說是臺南馬事思想進一步得到提倡的重大轉折點。

【參考書目】（略）

83　事實上，1944 年 1 月仍有舉行賽馬活動。

外來文化的融入：清代臺灣芒果的普及與用途

張維正 *

摘要

　　本文以芒果為主要研究對象，探討清領時期，本來讓人們陌生的芒果，在經過長時間的發展後，如何為人所接受和融入臺灣文化？荷蘭時期把芒果傳入臺灣為文化傳播，造成的影響係文化變遷，在歷經鄭氏時期與清領時期的傳播之後，芒果逐漸散佈於臺灣島，反映出人們已經接受芒果的事實。而在清領初期人們已對芒果有一定的認識，不但能辨識不同品種，還創造出臺灣特有「檨仔」來稱呼它。其後人們依照自己的需求，將芒果融入臺灣文化中，有時將芒果拿去市場販售，或是把芒果當成蔬菜替代品和儲備糧食。芒果樹則成為酷暑時的休息所，木材則成為日常所需的燃料。諸多用途讓人們把芒果視為珍果，其具備的價值，也是讓它成為個人或村庄重要的資產。最後，由於芒果對人們生活有所助益，故有人將其神格化，果樹竟成為祭拜的對象，又或者在祖先的祭祀上，把芒果當成供品，以感謝芒果的豐收。

　　關鍵字：芒果、檨仔、清領時期、移墾社會、文化變遷

*　　赤瓦堂文化工作室負責人

一、前言

芒果（學名：Mangifera indica L，或寫做檬果），為常綠喬木本植物，是漆樹科檬果屬家族的其中一種，原產於印度，也是廣布於熱帶地區的果樹之一。[1] 在印度，無論是果實、木材、葉子或花朵都有其用途，故被譽為「水果之王」。[2] 原產地於印度北方的山上和緬甸叢林中的芒果，4000 年前在印度廣泛種植，約於西元前 5 至 4 世紀往南傳播至馬來半島和鄰近區域後，接著則是 10 世紀到東非，15 世紀前抵達葉門，然後就不再有長距離的移植。[3] 進入大航海時代後，16 世紀起，透過歐洲人的貿易船隊，芒果再次傳入非洲，並進一步傳到中南美洲，並於 19 世紀中葉進到美國和各太平洋島嶼。[4] 在此同時，17 世紀芒果亦隨著荷蘭人從東南亞來到大員，開啟臺灣島栽培芒果的歷史。經過數百年的發展後，芒果已經是嘉南平原容易見到的果樹，根據 2022 年的《農業統計要覽》，該年度出產的芒果多達 17 萬 1662公噸，產值約 81 億元，僅次於同類別的柑桔類和鳳梨，是現在臺灣重要的水果產業之一。[5]

---

1 目前芒果屬已發現約 69 種以上，遍布印度次大陸和東南亞的陸地和海島上，其中只有「現代芒果（common mango）」被認爲原產於印度。Richard E. Litz, The Mango, 2nd Edition: Botany,Production and Uses, (UK: CAB International, 2009), P20。

2 參閱 T.C. マジュプリア著、西岡直樹譯 ，《ネパール・インドの聖なる事典》（東京：八坂書房，2013）頁 110；岩佐俊吉，《熱帶の果物誌》（東京：古今書院，1991 三刷），頁 149-151。

3 岩佐俊吉，《熱帶の果物誌》，頁 140、144；Peter Johnson Wester, The Mango (Manila: Bureau Of Printing, 1911), p13.

4 Peter Johnson Wester, The Mango, p15；農林省熱帶農業研究センター ,《東南アジアの果樹》（東京：農林統計協會，1974），頁 210；岩佐俊吉，《熱帶の果物誌》，頁 145-146。

5 蔡宏進著，《追憶失落的臺灣農業與農家生活——近代臺灣農業史》（高雄：巨流圖書，2013），頁 53、55-56；行政院農業委員會，《農業統計年報（110 年）》，頁 13。引自《行政院農業委員會農業統計資料查詢系統》(https://agrstat.coa.gov.tw/sdweb/public/book/Book.aspx)，閱覽日期 2023/8/31。

　　然而，芒果在清代以前，其實只是個來自異鄉的陌生植物，若用人類學的概念，能將其視為「外來文化」。同一時期，荷蘭人和臺灣人對芒果的稱呼完全相異，分別是 mangas 和檨仔（suāinn-á）。[6]由於植物的名稱，會反映人類如何看待、利用與價值，也能藉此找出傳入的歷史和分布區域的線索。[7]名稱不同，表示前者把芒果傳入臺灣後，很可能沒有教授後者相關知識，臺人必須自行摸索如何使用芒果，這種狀況可稱之為「刺激傳播」（stimulus diffusion）。[8]而隨著芒果在臺灣變得普遍，人們已了解如何運用芒果的特長，接受並融入自身文化當中，進而形成或創造出新的臺灣文化，此即為「文化變遷」。儘管因為史料的缺乏，目前無法了解前述的過程，但從清代文獻仍能看到各種不同和芒果有關的用途，顯示文化變遷已經產生。也因此，本文所欲討論的，就是在清代，臺人接觸外來芒果之後，其文化變遷後的狀況，也就是臺人如何依照日常生活的需求，將芒果融入自己的文化當中？

6　曹銘宗，《臺灣食物名小考：蚵仔煎的身世》（臺北：貓頭鷹出版，2016），頁 42-43。

7　田中直一，《名づけの民俗学：地名・人名はどう命名されてきたか》（東京：吉川弘文館，2014），頁 16-17。

8　「刺激傳播」：當某種觀念被借用時，實際內容不被採用的特殊傳播，而此時人們需要想辦法將新的觀念融入自身文化當中，如本文的芒果。參閱〔美〕克萊德・M・伍茲著，何瑞福譯，《文化變遷》（河北：河北人民出版社，1989），頁 29；Woods, Clyde M, Culture change (Dubuque, Iowa: W.C. Brown Co., Publishers, 1975), pp14-15.

在水果或植物史方面，現在已累積豐碩的研究成果，[9]但或許因為芒果的資料過於零碎，因此仍缺乏與芒果有關的歷史相關研究。目前芒果有關的研究多為民俗採集或產業史，儘管多少有提到芒果的用途，但仍缺乏系統性的研究和整理。[10]王藝都〈清代臺灣水果研究〉，[11]將方志中提到的水果都做了一番整理，透過清代各時期水果分布圖，能讓人了解不同時期水果在臺分布狀況；曾品滄則從經濟、環境史著手，[12]討論清代人們在不同環境下如何發展農業，以及按其生產習慣如何利用作物，在該論文中芒果雖然有被提及，但仍有深究的空間。總之，本研究欲從文化史的角度，討論芒果文化在臺灣的傳播、接受和變遷。因此首先討論荷蘭人移植芒果入臺之後，在鄭氏與清領時期於臺灣的擴散情形，接著再透過文獻探論清代居住和後來才來到臺灣的人們，如何看待芒果，試著藉此了解在當時芒果受接受的主因，以及芒果在時人心中具有怎樣的價值？最後則討論人們如何按

9　如葉金惠，〈日本殖民經濟體系下臺蕉問題研究〉，（臺北：國立臺灣師範大學歷史研究所碩士論文，1992）；賴建圖，〈日治時期鳳梨產業之研究〉，（臺北：國立臺灣師範大學歷史研究所碩士論文，2001）；曾立維，〈日治時期臺灣柑橘產業的開啟與發展〉，（臺北：政治大學史學研究所碩士論文，2005）；林俊宇〈清代至日治中期臺灣的龍眼貿易與商人團體〉，（臺北：國立臺灣師範大學臺灣史研究所碩士論文，2016）；江樹生，〈臺灣經營藍樹藍靛的開始〉收入氏著，《檔案敘事—早期臺灣史研究論文集》（臺南：臺灣史博館，2016），頁170-189；陳元朋，〈荔枝的歷史〉，《新史學》14：2（臺北：新史學雜誌社，2003/06），頁111-176；蔣淑如，〈清代臺灣的檳榔文化〉（臺中：東海大學歷史學系碩士論文，2002）；蔡承豪、楊韻平箸，《臺灣番薯文化誌》（臺北：果實出版，2004）；何孟侯，〈「釋迦」在臺灣—從歷史紀錄中看臺灣的釋迦果〉，《臺東文獻》復刊13（臺東：臺東縣政府，2007/10），頁93-114；林哲安，〈荳莢花開落地生：花生與清季臺灣漢人社會的經濟活動〉《臺灣文獻》62：1（南投：國史館臺灣文獻館，2011/3），頁189-232；周湘雲，《日治時期臺灣熱帶景象之形塑：以椰子樹為中心的研究》（臺北：國史館，2012）。

10　參閱黃登忠等編，《重修臺灣省通志 卷四 經濟志農業篇》（南投：臺灣省文獻委員會，1996），頁668-677；翁一司、王德男、翁瑞亨，〈臺灣芒果的栽培歷史與現況〉，《農業世界》196（臺中：農業世界雜誌社，1999/12），頁68～72；潘富俊，《福爾摩沙植物記》（臺北：遠流，2007），頁126-127；林秋雄，《南瀛水果誌》（臺南縣：該縣政府，2010），頁172-191。

11　王藝都，〈清代臺灣水果研究〉（臺南：長榮大學臺灣研究所碩士班，2015）。

12　曾品滄，〈從田畦到餐桌——清代臺灣臺人的農業生產與食物消費〉（臺北：臺灣大學歷史博士論文，2006）。

照自己的生活需求，發揮芒果的特長。

　　史料原則上以清代文獻為主，但前述對於芒果的記載，多半是零碎且重複，難以了解全貌。以此，儘管或許仍不夠完善，但本文也試著利用傳說或日治時期的資料，來彌補清代文獻不足之處，如《臺灣の熱帶果樹（第二卷）：檬果（樣仔）》，[13] 或是《臺灣日日新報》上的文章。又芒果在臺灣史，隨著時代和統治者不同，分別有過樣仔、番蒜或檬果等稱呼，為行文和閱讀上的便利，以下均稱為「芒果」，而提到品種或必要之時則使用原來的稱呼或當時的慣稱。[14] 在族群方面也統稱為臺人，除非有區分的必要。

二、芒果於臺灣的傳播

（一）荷蘭時期移植入臺

　　由於通說認定芒果的原產地在印度半島東北，即喜馬拉雅山麓和緬甸靠近孟加拉灣一帶，[15] 再加上目前尚未在臺灣發現芒果的化石，[16] 故可認為芒果非臺灣原生植物。不過芒果究竟何時傳入臺灣？實際上 13 至 16 世紀，臺灣海峽周邊是貿易和海盜盛行的區域，臺灣也是彼

13　芳賀鍬五郎，《臺灣の熱帶果樹檬果（樣仔）》第二卷（臺北：臺灣總督府民政部殖產局，1917）。

14　現在慣用的芒果音譯自英文 mango，關於芒果的名稱，有不少文獻或資料可供參考，如芳賀鍬五郎，《臺灣の熱帶果樹檬果（樣仔）》第二卷，頁 4；楊致福，《臺灣果樹誌》（臺北：臺灣省農業試驗所嘉義農業試驗分所，1951），頁 174；農林省熱帶農業研究センター，《東南アジアの果樹》，頁 208-209。

15　Deependra Yadav and SP Singh, "Mango: History origin and distribution", Journal of Pharmacognosy and Phytochemistry, Vol. 6, Issue 6 (2017), pp1258-1259.

16　目前臺灣尚未找到芒果的化石，再加上因為臺灣是熱帶或亞熱帶氣候，在高溫多雨的環境下，植物很難留存證據下來。〈植物化石〉，《自然與人文數位圖書館》（http://digimuse. nmns.edu.tw/），閱覽日期 2023/11/15。

等的根據地。[17]因此除了通說的荷蘭人傳入外，往來東南亞的海上商人或倭寇，也有可能是芒果的傳播者，不過目前仍無看到這方面的史料，所以後文仍以留存較多文獻的荷人為主要討論對象。

17世紀初期，荷蘭人來臺以後，不但發現臺灣的物產豐富，還興起想要種植各種植物的想法，因此1624年到大員初任荷蘭東印度公司臺灣長官宋克（Martinus Sonck）寫信至巴達維亞，信中提到：**「這地方的土地看起來非常肥沃，所以我們將種植椰子、橘子、檸檬和其他果樹，也要播種西瓜和其他根莖作物。」**[18]初期果樹的種植地就在赤崁地區，除了果樹之外，還有小農莊和菜園，還有位荷蘭自由市民（非公司員工）也在當地籌備私人農場。[19]翌年宋克又要求巴達維亞：**「送一些葡萄、芒果（mangas）、荔枝、榴槤等樹苗來。」**[20]

宋克要求樹苗而不是種子，是因為芒果種子貯藏壽命只有10天左右，[21]所以在缺乏冷凍技術的時代，只能依靠移植樹苗的方式來傳入芒果。從荷蘭人最初的農業活動位在赤崁來看，起初芒果樹應該也被種植在該地的果園中，但接下來的信件再無提及此事，而宋克也於1626年9月因事故過世，所以後續不甚明朗。[22]1648年一名德國士兵提到**「赤崁附近的馬廄邊有座花園，當中種植不少水果」**，[23]也

17 石原道博，《倭寇》（東京：吉川弘文館，1996），頁67；田中健夫，《倭寇：海の歴史》（東京：講談社學術文庫，2020），頁166。

18 江樹生主譯，《荷蘭聯合東印度公司臺灣長官致巴達維亞總督書信集I》（南投：臺灣文獻館，2010），頁170。

19 歐陽泰著、鄭維中譯，《福爾摩沙如何變成臺灣府》（臺北：遠流，2007），頁228。

20 江樹生主譯，《荷蘭聯合東印度公司臺灣長官致巴達維亞總督書信集I》，頁195。

21 芳賀鍬五郎，《臺灣の熱帶果樹檬果（樣仔）》，頁25。

22 程紹剛，《荷蘭人在福爾摩莎》（臺北：聯經，2000），頁56。

23 鄭維中，《製作福爾摩沙—追尋西洋古書中的臺灣身影》（臺北：如果出版，2006），頁128。

只能知道荷蘭人引入臺灣的果物生長得不錯。1654 年普羅民遮地方會議的宣導，有提到用芒果木當建材，[24] 則能證實該地的確有芒果，而且顯然已經適應臺灣風土，因為數量多到能夠砍伐和當木材使用。雖然不知道確切位置，但目前已知清領初期赤崁的「寧南坊」（位於今臺南市南區）已存在一座俗稱「檨仔林」的芒果樹林，[25] 故筆者推測荷蘭人最初可能把芒果種植在赤崁南側的位置；不過，這區域有部分給施琅的後代建祖廟和讓人隨意開墾，變化相當大，現在可能很難做確認。[26]

不僅赤崁，某些傳說表示荷蘭人可能也在今天臺南市西港、善化（目加溜灣舊社）、六甲和官田等地區種植芒果樹。如一則傳說提到荷人在「目加溜灣社」舊址，[27] 即今日的善化區利用芒果樹打造樹蔭和市場。[28] 清康熙 13 至 24 年（1674-1685）間沈光文（1612-1688）曾在目加溜灣社教授漢文，很可能實際見過檨仔，並因此得到靈感，遂創作出〈檨賦〉（已散佚）和〈臺灣賦〉等作品。[29] 再加上，目加溜

24　江樹生譯，《熱蘭遮城日誌（第三冊）》（臺南：臺南市政府，2003），頁 304。

25　寧南坊的漢人拓墾始於鄭氏時期的 1662 年，而 1685 年清朝官員劉璧嗣來此地建立府邸時，早已形成檨仔林。參閱張玉燕《臺南府城廟宇歷史探源：檨仔林朝興宮/保和宮》（臺北：巨流，2010），頁 4。

26　臨時臺灣土地調查局編，《臺灣土地慣行一斑（第一編）》（臺北：南天復刊，1998），頁73。

27　原文記載爲「灣裡支廳官田庄」，雖然灣裡支廳離六甲支廳很近，但官田庄應該一直都屬於後者，故原文記載可能有誤。正文：金平亮三，《臺灣有用樹木誌》（臺北：晃文館，1918），頁 168-169。地名對照可參照：株式會社臺灣日日新報社，《管轄便覽》（臺北：該社，1907），頁 120、132。

28　善化區爲目加溜灣社舊社所在地，而官田區爲其支社之一的「社仔社」。林秀容，〈西拉雅族目加溜灣社史研究〉（臺南：臺南大學臺灣文化研究所碩士論文，2005），頁 6-7。

29　盛成，〈沈光文公年表及明鄭清時代有關史實〉，收入龔顯宗主編，《沈光文全集及其研究資料彙編》（臺南：南縣文化，1998），頁 381-382；沈光文（盛成註），〈臺灣賦〉，收入龔顯宗主編，《沈光文全集及其研究資料彙編》（臺南：南縣文化，1998），頁 166；石萬壽，〈沈光文事蹟新探〉，收入龔顯宗主編，《沈光文全集及其研究資料彙編》（臺南：南縣文化，1998），頁 205-206。

灣社遷移至官田等地區之前，亦曾居住過善化，而且直到日大正7年（1918）該地仍留存約500棵種植在道路兩旁的芒果樹，從其樹圍約達0.9至1.2公尺（最大者約2.1公尺）和樹高平均約為14至16公尺可知，這些芒果樹的樹齡頗長，[30]反映出傳說有幾分真實性。而在西港區，則有傳說荷蘭人栽種了三重八卦形芒果樹在曾文溪沿岸。[31]

　　另外，根據日治初期臺南廳農會調查，臺灣芒果最初種植的地點為六甲支廳赤山堡官佃庄（今天的官田區）。在該地有棵巨大的芒果樹，其樹圍約4.9公尺，故推測可能於300年前，即荷蘭時期所植，而同時間被發現，位於官田溪旁並排種植芒果樹，則被認為是同時代但稍晚種植的路樹。[32]其後，巨大芒果樹被視為是臺灣芒果的祖木，[33]後者則是臺灣最早的「行道樹」。至日昭和5年（1930）前後，初期發現、被當成是荷蘭時期種植的芒果樹和路樹，在官田庄仍留存約80棵，高度約6至9公尺、樹圍則約0.3至0.8公尺；生長在該官田溪右岸的果樹則約60棵。[34]不過，《官田鄉志》載，荷蘭時期植於曾文溪兩岸之善化區東勢寮及官田區渡頭村的芒果樹，後者目前已經全數遭到砍伐，改種別的芒果品種。[35]

　　必須留意的是，由於前述日人在推測芒果移入時間時提到「明嘉靖40」（1561）餘年，但荷蘭人最初來到東南亞是在1595年，故此

30　洪調水從指出善化一帶在日治初期仍留有不少芒果樹。洪調水（冰如），〈沈光文在目加溜灣社教學時情況之探測〉，收入龔顯宗主編，《沈光文全集及其研究資料彙編》（臺南：南縣文化，1998），頁223。1918年的狀況，參考金平亮三，《臺灣有用樹木誌》，頁168。

31　施添福總纂、林聖欽等撰述，《臺灣地名辭書 卷七：臺南縣》》（臺北：南天復刻，2018），頁583。

32　芳賀鍬五郎，《臺灣の熱帶果樹檬果（樣仔）》第二卷，頁5。

33　金平亮三，《熱帶有用植物誌》（臺北：臺灣總督官房調查課，1926），頁598。

34　〈林業史實〉，《臺灣の山林》62（臺北：臺灣山林會，1931/06），頁50-51。

35　陳景琴監修，《官田鄉志》（臺南：官田鄉公所，2002），頁83；東勢寮在這方面的資料不明，見唐德塹編著，《善化鎮鄉土誌》（臺南：編者自行出版，1982），頁275。

推論顯然有問題。[36] 儘管後文有再補述：**「起源是荷蘭時期，即明天啟 3 年（1623）乃至清康熙元年（1662）」**，[37] 但仍造成讀者誤解，以至於現在仍有部分研究者寫**「臺灣芒果於明嘉靖 40 年（1561）荷蘭人傳入。」**[38] 另外，戰後有部分文獻寫最初種植的芒果是在六甲區，[39] 但該區最初開墾者非荷蘭人而是鄭氏的部將，因此或許也是誤植。[40]

　　總之，在荷蘭時期，有關芒果如何在栽培和傳播的問題，目前沒有太多的證據，只有些許傳說和旁證，不過仍可看出多離不開臺南地區，顯示芒果和臺南的關係相當密切。其後芒果便以臺南為中心，隨著拓墾者的腳步散布臺灣各地。

（二）鄭氏至清領時期於島內的擴散

　　由於芒果不會自己移動，而且種子較大，鳥類難以搬運，再加上當時並無經濟性或規模性栽培芒果，[41] 因此其生長區域若在臺灣得以擴張，除了人為散播外，難作其他聯想。至於當時的人們如何種植芒果？沈光文的〈雜記〉有略載：

　　　　食畢棄核於地，當月即生。核中有子，或一粒、二粒如豆之在莢。葉新抽，杪紅若丹楓；老則變綠。遇嚴霜，則嫩枝

36　Peter Johnson Wester, The Mango, p12

37　芳賀鍬五郎，《臺灣の熱帶果樹檬果（樣仔）》第二卷，頁 6。

38　傳抄錯誤的案例，如：楊致福，《臺灣果樹誌》，頁 174；岩佐俊吉，《熱帶の果物誌》，頁 146；〈細說從頭：臺灣芒果有來頭〉，《聯合報》1997/07/04，34 版；。

39　諶克終，〈臺灣之水果〉，收入臺灣銀行經濟研究室編，《臺灣之水果》臺灣特產叢刊第 12 種（臺北：臺灣銀行，1955），頁 6；楊致福，《臺灣果樹誌》，頁 174；黃登忠等編，《重修臺灣省通志 卷四 經濟志農業篇》，頁 668。

40　施添福總纂、林聖欽等撰述，《臺灣地名辭書 卷七：臺南縣）》，頁 759。

41　林秋雄，《南瀛水果誌》，頁 183。

盡槁。[42]

　　此栽培方式，稱之為「實生法」，即利用果核裡的種子栽種芒果，和荷蘭時代宋克等人搬移整棵植物的種植法相比，實生法要來得輕鬆很多，而且就前文的描述，顯然芒果在臺灣很容易生長，又因有描寫到芒果的生長情形，或許沈氏有親身栽種過芒果的經驗。在日治中期導入「接木法」之前，[43] 實生法一直臺灣芒果最主要的栽種方式，因此直到日治初期仍有要求民眾撿拾芒果種子，以便植林的事例。[44] 換言之，當時若想要種植芒果，只要趁著產期，帶著果實或是種子找個適當的地點，再丟到地上即可。

　　荷蘭人離開臺灣以後，鄭氏時期因為糧食需求而加強土地的開墾，其拓墾範圍比荷蘭時期更加地廣泛，從北部的淡水到南部的恆春，都能見到開墾的痕跡，但終究只有零星聚點並未構成廣大面積，甚至還因連年戰爭而有衰退的現象。[45] 儘管更大規模的開墾，仍需等到島上局勢穩定的清領時期，然而芒果應自鄭氏時期起，就以臺南地區為中心，隨著拓墾者的腳步，逐漸擴大其生長範圍。目前缺乏直接的證據，不過有傳說提到鄭氏部將會種植芒果樹，譬如位於今臺南市左鎮區的「六房公欉仔林」，於鄭氏時期為 26 里之一的新化里左鎮庄，據說是左鎮開墾元老，即鄭氏部將簡漢超親自種植的芒果樹；[46] 今高雄市大樹區「欉仔腳村」，在當時是小竹里大樹腳庄，亦傳聞是鄭氏部將吳燕山的開拓地區，在當地仍有同姓氏族人居住，而且生長

42　周鍾瑄，《諸羅縣志》（南投：國史館臺灣文獻館，1999 二版），頁 203。

43　多田喜造，《臺灣熱帶果樹論》（靜岡：日本柑橘會，1915），頁 281-282。

44　〈蕃薯寮通信／殖林組合〉，《漢文臺灣日日新報》2227 號，1905 年 10 月 1 日，頁 4。

45　曹永和著〈鄭氏時代之臺灣墾殖〉，收入氏著《臺灣早期歷史研究》（臺北：聯經，2019 年 2 版），頁 260-261、282-283。

46　施添福總編、林聖欽等撰述，《臺灣地名辭書 卷七：臺南縣）》，頁 322。

許多老芒果樹等。[47] 此外，幾處鄭氏時期遺留的舊蹟，皆種植芒果，再加上始於該時期的番檨宅稅等（詳見後文）。換言之，即便證據不多，但或許早在清領以前，人們就已經開始主動種植芒果，也反映出臺灣社會早已接受芒果的事實。

因為就像其他人類一樣，漢人也會帶著自己家鄉水果到陌生的土地拓墾，[48] 所以或許是當時人們已注意到芒果的用途，才會帶著芒果四處拓墾，抑或是，人們只是剛好帶著芒果充飢，在旅途中食用後隨意找個地方拋棄，芒果的擴散只是無心之舉。另外，《諸羅縣志》載原住民「果嗜檨及番石榴」，[49] 再加上日治時期高雄旗山地區的芒果樹林，傳說為清康熙 30 年（1691）左右來自新港社的平埔族在農暇時所種植，[50] 芒果的擴散和平埔族的遷移，或許也有關係，不過因為資料較為缺乏，本文先暫時略過不談。

清領初期，清康熙 24 年（1685）成書的《臺灣府志》在〈果之屬〉講述芒果和其他果物時，於文末寫下「以上三邑俱有」。[51] 這表示除了臺南之外，諸羅和鳳山縣等地都看得到芒果。不過這段文字有點籠統，當時管轄區域廣大的諸羅縣，在清康熙 36 年（1697），斗六門（雲林）以北的半線、竹塹地區和臺北平原，仍屬原住民居住區或荒蕪之

47　該文作者認為這些果樹有 300-400 年歷史，可能是荷蘭時期種植，若是如此，荷蘭人在原住民居住區種植果樹為路標的傳說可能為真。不過若用時間來推測的話，鄭氏或清代種植的機率較大。參閱羅景川，〈檨仔腳—大樹鄉境內老地名背後的故事〉，《民眾日報》，2000 年 2 月 4 日，13 版。《臺灣資料剪報系統》（http://192.192.13.206/cgi-bin/gs/pgsweb.cgi?o=dclip），閱覽日期 2022/02/02。

48　歐陽泰著、鄭維中譯，《福爾摩沙如何變成臺灣府》，頁 224。

49　周鍾瑄，《諸羅縣志》，頁 159。

50　〈林業史實〉，《臺灣の山林》62（臺北：臺灣山林會，1931/6），頁 50-51。

51　蔣毓英，《臺灣府志》（南投：國史館臺灣文獻館再版，2002），頁 41-42。

地，[52] 也因此諸羅縣有生長芒果的區域，應不包含斗六門以北。鳳山縣則因為高雄地區也是鄭氏軍屯的重點，所以開墾區域相當廣泛，遍及沿海至內陸；[53] 屏東地區雖然在鄭氏時期也有幾處屯墾，但在清初仍以原住民為主要居住者，也因此縱使有芒果生長，初期範圍可能僅限於今天東港鎮和林邊鄉等靠海區域。[54] 不過鹽分較高的土壤，可能會影響植物生長，加上芒果比較適合種植在排水性良好、富含腐殖質的濕潤土壤，[55] 故其後可能往陸地方向移動。以此，歷經鄭氏時期後，17 世紀末期，臺灣芒果的範圍，已隨拓墾者從今天的臺南往北抵雲林，往南則至高雄和屏東沿海地區，而這些地方在清代也都有和「檨仔」有關的地名（參見表 1）。

52　郁永河，《裨海紀遊》（臺北：臺灣銀行經濟研究室，1959），頁 19-23；周憲文，《清代臺灣經濟史》（臺北：臺灣銀行經濟研究室，1957），頁 13-14。

53　關於高雄地區鄭氏的部將屯墾區域，參閱曾光正，〈明鄭時期高雄地區的拓墾〉，《高雄文獻》19 卷 1（高雄：該市文獻委員會，2006.3），頁 126-127。

54　施添福總纂、黃瓊慧等撰述，《臺灣地名辭書 卷四：屏東縣》（臺北：南天復刊，2018），頁 4-5。

55　楊致福，《臺灣果樹誌》，頁 181。

【表 1】清代檨仔相關之聚落和地（景）標[56]

現今位置		起墾時間	舊址位置	聚落	地標／景
苗栗	通霄鎮	康熙	苗栗二堡		頭內檨仔腳（1770） 檨仔樹腳（1844）
臺中	豐原市	康熙	揀東上堡		檨仔口埤（1848）
彰化	北斗鎮	康熙	東螺西堡	檨仔林庄（1738）	
	二水鄉	康熙	東螺東堡	檨仔腳（1894）	
南投	草屯鎮	雍正	北投堡	檨仔腳（1893）	檨仔腳（1818） 檨仔腳（1824）
	竹山鎮	清以前	沙連堡	檨仔腳尾（1894）	檨仔崁（1859）
		乾隆	鯉魚頭堡	檨仔坑莊（1893）	
雲林	西螺鎮	雍正	西螺堡	檨仔腳庄（1744）	檨仔腳崁（1742）
	斗六市	清以前	斗六堡	檨仔坑庄（1799）	檨仔坑山（1894） 檨仔坑溪（1894）
嘉義	鹿草鄉	清以前	鹿仔草堡	山（檨）子腳（1736以前）	
	中埔鄉	乾隆	嘉義東堡	檨仔林（1736 以前）	
	東區	清以前	嘉義西堡	檨仔腳庄（1832）	檨仔林（1889）

56　資料來源：范咸，《重修臺灣府志（上）》（臺北：文建會，2005），頁 162；臺灣銀行經濟研究室編，《清代臺灣大租調查書》（臺北：該室，1963），頁 65、460；盧德嘉，《鳳山縣采訪冊》（南投：臺灣省文獻委員會，1993），頁 3-7、10-13、62、69、74、90-91、99、101、151；不著撰人，《臺灣府輿圖纂要》（南投：臺灣省文獻委員會，1996），頁 172-173、187-189、221、227；不著撰人，《淡新鳳三縣簡明總括圖冊》（南投：臺灣省文獻委員會，1996），頁 64、70、74、80；倪贊元，《雲林縣采訪冊》（臺南：國立臺灣歷史博物館，2011），頁 43、46、48、217；周璽，《彰化縣志》（臺北：行政院文化建設委員會，2006），頁140；林玉茹、詹素娟、陳志豪等編，《紫線番界：臺灣田園分別墾禁圖說解讀》（臺北：中央研究院臺灣史研究所，2015），頁 88；臺灣銀行經濟研究室編，《臺灣中部碑文集成》（臺北：該室，1962），頁 16；臺灣銀行經濟研究室編，《臺灣私法物權編》（臺北市：該室，1963），頁 1050；臺灣銀行經濟研究室編，《臺灣南部碑文集成》（臺北：該室，1966），頁 349；劉良璧，《重修福建臺灣府志（下）》（臺北市：文建會，2005），頁 631、633；張玉燕，《臺南府城廟宇歷史探源：檨仔林朝興宮／保和宮》（臺北：巨流，2010），頁 4；王禮，《臺灣縣志》（臺北：文建會，2005），頁 151；周鍾瑄，《諸羅縣志》（南投：國史館臺灣文獻館，1999 二版），頁 16、33、260；連橫，《雅堂文集》（臺北市：臺灣銀行經濟研究室，1964），頁 200；施添福總纂、黃瓊慧等撰述，《臺灣地名辭書 卷四：屏東縣》（臺北：南天復刊，2018），頁 141、161、299-300、489；施添福總編、古文錦等撰述，《臺灣地名辭書 卷五：高雄縣第二冊（下）》（南投：國史館臺灣文獻館，2008），頁 466-467；施添福總編、林聖欽等撰述，《臺灣地名辭書 卷七：臺南縣》）（臺北：南天復刻，2018），頁 195、236-237、322、583；施添福總編、陳美鈴等撰述，《臺灣地名辭書 卷八：嘉義縣（下））》（臺北：南天復刊，2018），頁 483、581；施添福總纂、羅美娥撰述，《臺灣地名辭書 卷十：南投縣》（臺北：南天復刊，2018），頁 182、187；伊能嘉矩著、國史館臺灣文獻館編譯，《臺灣文化志．下卷（中譯本．修訂版）》（臺北：臺灣書房，2011），頁 156-160、221。網路資源：國立臺灣大學，《臺灣歷史數位圖書館》，閱覽日期 2023 年 2 月 27 日；〈典田契字〉嘉慶 23 年，《數位典藏服務網》，閱覽日期：2023/02/02；〈杜賣盡根契字〉道光 4 年，《數位典藏服務網》，閱覽日期：2023/02/27。

現今位置		起墾時間	舊址位置	聚落	地標／景
臺南	白河區	清以前	哆囉嘓東下堡	檨仔林庄（1893） 檨仔林坑庄（1893）	
	東山區			檨仔腳庄（1893）	
	官田區	清以前	赤山堡	檨林（荷）	
	西港區	清以前	西港仔堡	檨竹林庄（1840）	三重八卦形檨子林（荷） 檨仔林渡（1716）
	永康區	清以前	武定里		檨林（1740）
	左鎮區	清以前	外新化南里		六房公檨仔林（鄭）
	南區	清以前	臺南府城	檨仔林（1685） 檨仔林街（1855）	檨林宅（1719）
高雄	旗山區	康熙	羅漢門外里	檨仔腳庄（1784）	檨仔坑（1762） 檨仔腳（1784）
	大寮區	清以前	小竹里	檨仔林（1894）	
	路竹區	清以前	長治里		檨仔林（鄭氏） 檨仔腳園（1834）
	仁武區	清以前	半屏里	檨仔林（1894）	檨仔林陂（1894）
	大社區	清以前	觀音里	檨仔腳庄（1826） 檨仔腳（1894）	檨仔腳陂（1894）
	大樹區			檨仔腳村（鄭氏）	
	燕巢區				檨仔（1765） 檨仔林坑（1776） 檨仔坑（1798） 檨仔腳坵園（1876）
	永安區	清以前	維新里	檨仔林（1858）	檨仔林（1774）
	橋頭區	清以前	仁壽里	檨仔腳（1894）	
	三民區	清以前	興隆內里		檨仔林陂（1894）
屏東	高樹鄉	康熙	港西里	檨仔腳（1894）＊	
	潮州鄉	清以前	港東上里	檨仔腳（1894）＊	
	林邊鄉		港東中里	檨仔腳（1894）＊	
	東港鎮			檨仔寮（1894年被海嘯吞噬）	
備註	1. 檨園等園林和難以判斷年代的地名或地景均不列入此表。 2. 括弧為首次出現在文獻上的時間，並非實際形成之時間。 3. 因缺乏詳細資料，存續時間亦不明確。 4. ＊號表示用相對位置推測現址。				

　　稍晚於南部地區，清康熙 61 年（1722）臺灣東部的「卑南覓」也出現芒果，據《臺海使槎錄》云：「**果則蕉實、鳳梨、蔗、檨……。**」接著在清雍正 2 年（1724）黃叔璥提到芒果：「**北路自半線以上，則絕無矣**」，表示 18 世紀前期，芒果栽種範圍已從斗六再往北推進到半線（今彰化縣）。又現今彰化縣二水鄉仍存有一棵樹齡約 300 年的老芒果樹，其樹高約 20 公尺。據報導說，此樹和施世榜建造「八保圳」

彰化二水 300 年老芒果樹。
（圖片來源：《自由時報》，2022/2/12）

大目降附近樹齡約 140 至 200 年的芒果樹。
（圖片來源：芳賀鍬五郎，《臺灣の熱帶果樹檬果，（檨仔）》第二卷，附圖 2。1910年代攝）

之時，提供建議和指導眾人製作籠仔篙的「林先生」有關。施世榜於清康熙 48 年（1709）開始建造該八保圳，花費約 10 年，於清康熙 58 年（1719）完工，故此傳說描述若為真，恰能做為芒果在臺範圍拓展至彰化的見證。由於半線地區、諸羅、臺灣和鳳山等三縣都能看到芒果，表示今天嘉南平原常見的芒果樹風景，已於清領前期形成。

　　就在芒果的生長範圍，擴展至整個嘉南平原的同時，臺南地區也成為全臺最容易見到芒果的區域，除赤崁的南側之外，東側也存在不少芒果樹，如芳賀欽二郎提到：**「全臺灣島生長最多芒果的地方是臺南廳大目降和關廟兩支廳（今臺南市新化、關廟區），只要到這兩地的話，到處都能看到芒果樹。」**其中，大目降知母義庄於 1910 年代尚存樹齡約 140 至 200 年的芒果樹，而雍正 12 年（1734）[57] 臺灣縣拔貢生黃佺有詩云：「赤崁城東番檨林」，則可做為證明。[58] 儘管日人調

57　芳賀鍬五郎，《臺灣の熱帶果樹檬果（檨仔）》，頁 1、5。

58　黃佺，〈東寧春興六首〉收入謝金鑾，《續修臺灣縣志（下）》（臺北：文建會，2007），頁701。黃氏的相關資料則參照，〈黃佺〉，《國家圖書館臺灣記憶系統》（https://tm.ncl.edu.tw/），閱覽日期 2023/09/13。

查無誤，但該地在 18 世紀初期應有一片檨林，所以在該地種植芒果的時間，應該比調查還要來得早，不過到了 20 世紀初卻只剩下數棵果樹還存續。

至於芒果的生長範圍，何時推展至北部？受限於史料，目前僅知約在清乾隆 35 年（1770）以前就已經抵達苗栗地區。[59] 淡水和噶瑪蘭地區，雖然分別在清康熙 48 年（1709）和清嘉慶元年（1796）就已有人正式開墾，[60] 但目前有提到芒果的文獻，卻只有 19 世紀初和中期刊行的《噶瑪蘭廳志》和《淡水廳志》，[61] 而當時人在北部的馬偕和稍晚來臺的松島剛，皆品嘗過北部的芒果，[62] 可證明此時期的臺北和宜蘭，確實有芒果生長。總之，最晚至 19 世紀初，芒果不但早已傳遍臺灣西半部和臺東，也隨著開墾者到達北部地區，經過 200 年歲月的發展，本來只存在於臺南的芒果，成為幾近全臺都可以見到的臺灣「特產果物」。

另外，由於拓墾範圍和人群增加，為了行政或生活方便，所以會出現許多新的地理名詞，而外形容易辨識的芒果樹，自然成為時人命名靈感之一，像嘉義縣中埔鄉的「檨仔村」，即因開墾初期有很多芒果樹而得其名。[63] 根據表 1，常見的芒果相關地理名稱約三種：一數

---

59 1770 年（清乾隆 35 年）寫成的吞霄番社契書有提到「檨仔腳」荒埔地，顯示苗栗地區已有種植芒果。臺灣銀行經濟研究室編，《清代臺灣大租調查書》（臺北：該室，1963），頁 65。

60 劉翠溶，〈漢人拓墾與聚落之形成：臺灣環境變遷之起始〉，收入該氏、伊懋可主編，《積漸所至：中國環境史論文集（上）》（臺北：中央研究院經濟研究所，2000），頁 326、330。

61 陳淑均，《噶瑪蘭廳志》（南投：臺灣省文獻委員會，1993），頁 255-256；陳培桂，《淡水廳志》（南投：臺灣省文獻委員會，1993），頁 319。

62 馬偕著、林晚生譯，《馬偕回憶錄》（臺北：前衛，2007），頁 53；松島剛，《臺灣事情》（臺北：和田篤太郎，1897），頁 47。

63 施添福總編、陳美鈴等撰述，《臺灣地名辭書 卷八：嘉義縣（下）》（臺北：南天復刊，2018），頁 581。另外，根據陳正祥的調查，斗六、臺南和屏東等地區，均存在著檨仔坑、檨子林、檨子腳等地名，而這些地名都和當地生長芒果有關。參閱該氏，《臺灣地名辭典》（臺北：南天書局，1993 二版），頁 311。

量多到成為樹林的「檨仔林」；二「檨仔腳」指芒果樹底下（附近）之意；三「檨仔坑」，山谷或低窪處附近有芒果生長。[64] 有些小聚落會直接稱之「檨仔林」或「檨仔腳」，部分較大聚落，尚在名稱後方加上庄，如「檨仔林庄」、「檨仔林坑庄」和「檨仔腳庄」。在水埤旁邊則稱檨仔林陂、檨仔腳陂；有擺渡的則稱「檨仔林渡」，如 18 世紀初從麻豆港往下游航行，途中會經過叫做「檨仔林」的渡口。[65] 由於除了聚落名之外，有的是遠離人們居所的地景或地標，表示也有野生的芒果存在，成為「歸化」（naturalize）臺灣的植物。

此外，可以發現與檨仔有關的聚落或地名之所在區域，多集中在清以前開始墾殖的地方，恰好符合前述文章的描述。然而，因為環境隨時在改變，地理名稱也會隨其變化而有所更動，譬如日治時期臺南城內的「檨仔街」，原來在清康熙 24 年（1685）左右被稱作「檨仔林」，在改建鄭氏將領的舊宅為「施將軍祠」之後，則產生名勝「檨林宅」，然後因人口增加成為「檨仔林庄」。其後因人口不斷聚集，形成市集之後，於嘉慶年間又稱「檨仔林街」。[66] 又如檨仔林渡口於清道光 9 年（1829）以前就被裁撤，而屏東林邊鄉的「檨仔腳」，則

---

64 「檨仔腳」的說明，參閱施添福總編、古文錦等撰述，《臺灣地名辭書　卷五：高雄縣　第二冊（上）》（南投：國史館臺灣文獻館，2008），頁 253、257；「檨仔坑」的說明，參閱施添福總編、古文錦等撰述，《臺灣地名辭書卷五：高雄縣第二冊（下）》（南投：國史館臺灣文獻館，2008），頁 472-473。

65 水陂可見盧德嘉，《鳳山縣采訪冊》，頁 69。「檨仔林渡」初見周鍾瑄，《諸羅縣志》，頁 16、33。

66 伊能嘉矩著、吳密察譯，《臺灣地名辭書》（新北：大家，2021），頁 368。寧南坊施將軍祠於康熙初期建立，原為鄭氏的將軍黃安舊宅。王禮，《臺灣縣志》（臺北：文建會，2005），頁 151；檨仔宅最早出現於乾隆時期，劉良璧，《重修福建臺灣府志（下）》（臺北：文建會，2005），頁 633。「檨仔林庄」：王必昌，《重修臺灣縣志（下）》（南投：臺灣省文獻委員會，1993），頁 542；「檨仔林街」見謝金鑾，《續修臺灣縣志（上）》（臺北：文建會，2007），頁 97。

於日治晚期廢村。[67] 簡言之，雖然這些聚落或地景曾在歷史上出現過，卻不一定能延續到今日，或者根本沒被紀錄到就已經消逝。此外，文獻上也看不出芒果何時種植，這導致很難斷定始於何時。[68]

儘管芒果在全臺可見，但就產量而言，仍以南部為最多。《臺灣通史》曰「產檨之地，臺南為多，彰化以北則少見」，由於芒果有著若開花期遇雨就不會結果的特性，因此乾雨季分明的中南部，最適合芒果結果。[69] 若參考日治時期的數據，日明治 36 年（1903）芒果以南部為大宗，其中鹽水港、鳳山產量最多，臺南、嘉義、斗六、蕃薯寮次之，彰化、臺中也有少量出產芒果。[70] 從表 2 可知，1910 年代臺南依舊是全臺芒果最多之地區，其次是阿緱、嘉義，然後是中部的南投、臺中，最後是臺東、新竹，而臺北、宜蘭和桃園則數量過少難以計算。[71]

【表 2】1916 年臺灣各地芒果生長數

廳別	棵數
臺北	─
宜蘭	─
桃園	─
新竹	137
臺中	3,155
南投	4,798

67　此渡裁撤首見《福建通志臺灣府》，參閱臺灣銀行經濟研究室編，《福建通志臺灣府》（臺北：臺灣銀行經濟研究室，1960），頁 130。施添福總纂、黃瓊慧等撰述，《臺灣地名辭書 卷四：屏東縣》，頁 497、506。

68　實際上若用《地名資訊服務網》，搜尋檨仔相關地名的話，可以找出 70 多件含有檨字的村或地名，其範圍則北從桃園至南端的屏東，可說涵蓋整個臺灣西半部，但大多數與文獻記載相異而判斷困難，因此本文以文獻搜得為主。（http://gn.geog.ntu.edu.tw/GeoNames/index.aspx），閱覽日期：2023/08/30。

69　連橫，《臺灣通史》（臺北：眾文圖書，1979），頁 666；楊致福，《臺灣果樹誌》，頁 181、184。

70　〈雜報／臺灣菓物の產出高〉，《臺灣協會會報》59（東京：臺灣協會，1903/8），頁 30。

71　芳賀鍬五郎，《臺灣の熱帶果樹檬果（檨仔）》，頁 10-11。

廳別	棵數
嘉義	9,742
臺南	46,951
阿緱	12,268
臺東	328
花蓮港	—
澎湖	—
總計	77,379
備註	1916 年以前沒有確切的統計數據。

資料來源：芳賀鍬五郎，《臺灣の熱帶果樹檬果（檨仔）》，頁 11。

　　要之，芒果在臺灣的傳播，主要為鄭氏到清領時期，隨著拓墾者的腳步，芒果的生長區域，以臺南地區為中心開始向南北擴散，約於 18 世紀前期拓展往北到彰化和東部，最晚至 18 世紀晚期已遍及臺灣島的西半部，19 世紀初期則能確認有芒果生長在北部地區，臺灣從此成為到處都能看到芒果樹的地方。當然，和芒果的生物特性有關，乾雨季分明的中南部，其數量就比北部要來得多，也因此其後芒果產業也以這些地區為中心發展。而隨著芒果變得普及，表示人們亦將種植方式和利用的方法，傳到臺灣各個角落，這個過程可視為「芒果文化」的傳播。不過，令人好奇的是，芒果究竟有何魅力會讓當時的人們帶到各地？而討論清代人們對於芒果的看法，或許能幫助吾等了解這個問題。

三、在臺者眼中的芒果

　　誠如前述，歷經荷蘭和鄭氏時期之後，芒果到清領初期已經廣布臺灣西南部地區，再加上早在清領以前，「檨」字已經被創造出來，並用於書寫上，如沈光文早已散佚的「檨賦」等，諸多跡象顯示臺人很早就已經接受芒果這種外來植物，並對其有一定程度的認識。然而，因為史料的缺乏，清代以前的人們，如何認識芒果這種植物很難

有答案，因此本文只能先試著透過清以後來臺者之目光，來了解人們為何能接受芒果？

　　事實上，在清領初期，中國早已經有芒果生長在海南島等地，稱之為「欒菓子」（man-ko），[72] 但或許僅生長在部分地區，故仍屬不普遍的果物，導致來臺者仍會把「檨仔」當成是特殊的果物。除了沈光文之外，現階段較早提到芒果的文獻，可能是王士禎的《居易錄》，且後來有不少文獻都提到這本著作。王氏對芒果的知識，來自於清康熙 23 至 25 年（1684-1686）曾在臺灣北路營擔任參將的王國憲之轉述，[73] 據載：

> 副將王國憲嘗為台灣汆將言其地無橘、柚、荔支、龍眼之屬，如北地蒲桃、蘋婆、桃、杏、梨、李之類皆無之。有果曰番蒜：五月大如蘋婆、味甘香、多津液，樹大而葉圓。[74]

　　上文可知，王國憲親身品嚐後，對於芒果評價頗高，不但說它味香甜還很多汁。該文把芒果稱作「番蒜」，而非熟知的「檨仔」，根據後人說法，這似乎是「羨子」或「檨」的俗稱。[75] 眾所周知，芒果在清代臺灣通稱「檨仔」，所以從王士禎或王國憲都不懂得如何書寫，故只能聽其音寫出發音相近的「番蒜」的狀況來看，可知中國對該名稱一點都不熟悉。

72　卜爾格著、愛德華‧卡伊丹斯基波蘭文譯，張振輝等中譯，《中國植物志》收入《卜爾格文集：中西文化交流與中醫西傳》（上海：華東師範大學出版社，2013），頁 317。

73　臺灣北路營在諸羅縣佳里興地方，而王國憲是湖廣衡州府衡山縣人，於 1684 年（清康熙 23 年）任參將，1686 年（清康熙 22 年），晉升山東文登副將。高拱乾，《臺灣府志》，頁 157、167。

74　（清）王士禎，《居易錄（苑）》，第 12 面（內閣文庫藏本）。標點符號為筆者所加。

75　孫元衡，《赤嵌集》收入諸家，《赤嵌集/使署閒情/臺灣雜詠合刻》（南投：臺灣省文獻委員會，1994），頁 64。

也因此，清代來臺文人多認為該字係臺人自行創造，曰：「臺地字多意造，為字書所不載：如番樣之樣字」，[76] 王禮亦云：「樣，無此字，今從俗寫」。[77] 字形和音由來則眾說紛紜，如：「蒜，查無此字，或云當從檨（jiàn）」；[78]「俗音羨。或以香美可羨，從而附會之耳」；「色味似杏，或是番杏誤作樣」等。[79] 除了「番杏」應是別種植物外，[80] 由於「樣」的讀音，對於彼等過於陌生，所以才會出現各種相異的書寫，而果實美味讓人「欣羨」的說法，雖說是穿鑿附會，但也反應出時人們對於芒果的印象。無論如何，顯然是「羨」的說法較為人所接受，所以才有人以為「樣」為「會意字」，是「羨」添上「木」字旁，如此即能表達出芒果是長在樹上的水果。[81] 連雅堂亦認為「樣」字最能代表芒果，曰：「樹高二、三丈；當從木，如柑、桔、桃、李之類，望文知義」。[82] 另外，也有人認為「番樣」源自於原住民對芒果的稱呼，[83] 不過原住民各族已有各自的芒果稱法，[84]「樣仔」為漢人自行創造的機會較大。總之，儘管「樣仔」的由來至今仍無定論，但仍可視為因為芒果已逐漸為人所接受，且越來越常出現在臺人生活周遭，所以才需要創造眾人能夠理解和慣用的書寫方式，而

76　朱仕玠，《小琉球漫誌》，頁 78。

77　王禮，《臺灣縣志》，頁 84。

78　郁永河，《裨海紀遊》，（臺北市：臺灣銀行經濟研究室，1959），頁 12；「木賤」音同見，是一種山梅。

79　周鍾瑄，《諸羅縣志》，頁 203；黃叔璥，《臺海使槎錄》，頁 59。

80　「番杏」又稱「臺灣冰花」是在臺灣較少人所知的植物。〈臺灣冰花 (番杏)- 您吃過了沒？〉，《農業部臺東區農業改良場》，閱覽日期 2023/09/13。

81　陳文達《鳳山縣志》（臺北：臺灣省文獻委員會，1986），頁 97。

82　連雅堂，《雅言》收入氏著，《臺灣語典》（臺北：金楓，1987），頁 258。

83　吳振臣，〈閩遊偶記〉，收入諸家，《臺灣輿地彙鈔》（南投：臺灣省文獻委員會，1996），頁 26；薛紹元總纂，《臺灣通志稿（上冊）》（臺南：臺灣史博館，2011），頁 111。

84　實際上臺灣山地原住民的芒果稱呼也相異，參閱農林省熱帶農業研究センター，《東南アジアの果樹》，頁 208。

這段認識和摸索過程中，和荷蘭人的關聯性應該不大，畢竟兩方的名稱完全相異。

除了名稱和字形外，約於 17 世紀晚期，人們也已能辨識出當時存在於臺灣的三種不同芒果品種，分別是「香檨」、「木檨」和「肉檨」；不過因為缺乏資料，所以現今尚無法得知這些品種是刻意栽培而成，或是自然產生出來的。蔣毓英於《臺灣府志》謂：

> 至五、六月間，盛熟，皮有青、有黃者，肉有黃、有白者，有微根在核。將食，須用小刀剖之，味甘或帶微酸。計有香檨、木檨、肉檨三種；木檨味勝肉檨，香檨其尤者也。[85]

外觀上，有青皮和黃皮；果肉則有白肉或黃肉。就食用感覺，最好吃的是香檨，木檨則次之，肉檨最後。[86] 日人則對這三種芒果有更進一步的描寫，簡述如下：

> 香檨：樹種比肉檨大；本土最為優良種。果實為橢圓形、不大；果皮薄熟，熟成時為赤紅色；果肉厚實，其核幾乎無纖維，最適合生食。

> 肉檨：樹種為三種中最小者；果實橢圓，其皮厚，甜味很淡，本土種中芒果固有的臭氣最為強烈者，但纖維甚少。

> 柴檨：樹種是臺灣芒果中最大者；果實頗大、橢圓形；果皮帶有紅黃色且稍厚；果肉紅，富含甜味幾無酸味，但果核纖維最多。[87]

85　蔣毓英，《臺灣府志》，頁 41。

86　陳文達，《鳳山縣志》，頁 97。

87　芳賀鍬五郎，《臺灣の熱帶果樹檬果（檨仔）》第二卷，頁 16-17。

　　在這之中，屬肉檨的味道最為濃烈，可能會讓不少人卻步；香檨則是三者中最可口的品種，邊聞「**皮肉香可沁人脾，香竄如酒味**」，不過果實也最小。[88]「木檨」後來也被稱「柴檨」，是三品種中生長數量最多者，是當時人們日常生活中最常吃到的芒果品種。從上文來看，顯然是因為纖維最多而得名，再上成熟後會變「綠黑色」等，[89]木檨應是今日所謂的「土芒果」，也是目前在市面仍見得到的早期品種。[90]另外，果實成熟的時間也不同，其順序為木檨、肉檨，最後才是香檨。[91]

　　而實際品嘗芒果的感想，則依人不同有所相異，如前述王國憲對芒果的印象不錯，但沈光文或許無法接受芒果的味道或是吃到肉檨，故〈臺灣賦〉曰：「**檨曋（註：食之意）異味**」。[92]相較於沈氏，陳文達說：「**切片以啖，甘香異常……臺之果，此為上品**」，表示時人不會直接吃果實，而是會切片後再食用。又杜臻曰：「**果之美者，檨為最**」；施鴻保云：「**皮青肉黃，滋味甘美**」；林豪則稱其為「**佳品**」等。[93]由此可知，清代文人大多均給予芒果或者說木檨不錯的評價。除木檨之外，《小琉球漫誌》載：「**以府學宮右一株為上，食之無渣，且味殊勝他處**」；馬偕的回憶錄也有對芒果評語：「**北臺灣的芒果實**

88　〈臺南零信〉，《漢文臺灣日日新報》1906/08/14，頁 5。

89　東京帝國大學農學部附屬演習林，《臺灣ニ生育スベキ熱帶林木調查：熱帶果樹篇》（臺北：該部，1925），頁 36；〈檨仔の種類〉，《臺灣日日新報》，1917/07/14，頁 4。

90　戰後，其他品種因經濟價值較差，故被捨棄不用。林秋雄，《南瀛水果誌》，頁 179 ～ 180。

91　連橫，《臺灣通史》，頁 666。

92　沈光文（盛成註），〈臺灣賦〉，頁 166。

93　王禮，《臺灣縣志》，頁 84；諸家，《澎湖臺灣記略／臺灣紀略》（南投：臺灣省文獻委員會，1999），頁 63；施鴻保著，〈閩雜記（錄十八則）〉，收入諸家，《臺灣輿地彙鈔》（南投：臺灣省文獻委員會，1996），頁 78；林豪，《東瀛紀事》（臺北市：臺灣銀行經濟研究室，1957），頁 66。

在無法讚美，因為它的味道像松節油一樣」。[94] 從兩人感想可知，前者吃的應該是「香檨」，後者則是「肉檨」，其味道之強烈，果真讓人難以下嚥。

不僅芒果可口，清文人們也注意到芒果樹能夠遮蔭，如清初季麒光便云「至如檨柚之茂葉翳日」；周鍾瑄說檨仔「樹高可蔭」；朱景英亦形容果樹為：「樹高大，葉尖長，濃可蔭畝。」[95] 而芒果樹形成的「檨林」、種植果樹的「檨園」因風景優美、使遊園者身心愉快，遂常成為文人們創作的題材，故文獻上可找到不少有關芒果的詩、賦和竹枝詞等作品。[96]

此外，孫元衡有詩云：「**千章夏木布濃陰，望裏纍纍羨子林。莫當黃柑持抵鵲，時佛國重如金。**」[97] 詩中不僅描述結果和樹蔭的樣貌，還提到不可以小看芒果的價值，因為從印度（佛國）來臺時如同黃金一般貴重。因為清代文人多次提及芒果的美味可口和能夠提供避暑的樹蔭，表示當時芒果這兩項特點最受彼等讚賞，這也有可能是臺人最初接受芒果的原因之一，也是芒果有價值的地方，而家中種有芒果樹成為讓人欣羨的事情。順帶一提，時人皆知芒果是荷蘭人帶來臺灣，卻不知道原產地何處？除印度，還有人認為源自日本，[98] 現今通說則認為源自印度和中南半島。[99]

94　朱仕玠，《小琉球漫誌》，頁 72；馬偕著、林晚生譯，《馬偕回憶錄》，頁 53。
95　范咸，《重修臺灣府志（下）》，頁 874；周鍾瑄，《諸羅縣志》，頁 203；朱景英，《海東札記》，頁 35。
96　其例子眾多不勝枚舉，也散見於本文中，另外可參閱陳香，《臺灣竹枝詞選集》（臺北：臺灣商務，2006），頁 15、28、84、249-250。
97　孫元衡，《赤嵌集》，頁 64。
98　高拱乾認為芒果是「紅毛從日本國移來之種」。該氏，《臺灣府志》（臺北：文建會，2004），頁 332。
99　徐信次、王德男、張哲嘉，〈亞熱帶及熱帶果樹〉收入臺灣省農業試驗所編，《臺灣省農業試驗所—百年來之試驗研究專刊》（臺中：該所 1995），頁 87-88。

除了自身體驗，來臺者們也察覺到臺人對芒果特別重視，如郁永河說：「**夏至始熟，臺人甚珍之**」，黃叔璥則云：「**臺地無他果，惟番樣、蕉子、黃梨視為珍品**」，晚近的連雅堂更當地寫到「**樣是珍果**」。[100] 而早在清康熙時期，福建巡撫呂猶龍在感受到芒果珍貴之處後，認為應當將這如此珍貴的芒果進獻給皇帝，但芒果難以運送和久放，故呂氏想盡辦法包裝和運送，才好不容易送幾顆到京城。不過康熙皇帝看了實物之後，連一口都沒嚐試，只回：「**今已覽過，乃無用之物，再不必進。**」[101] 康熙的態度，和前述眾人對於芒果的讚賞，可說成了強烈的對比，少數稱得上臺灣特產的珍果，在皇帝眼中竟然只是「無用之物」。或許皇帝看不上眼，不過芒果在臺人心中的地位，並沒有受到影響，其具有的價值，讓芒果成為個人或公共的「財產」，也因此能在分家產的鬮書，或轉移土地權利的永耕字等契書上，看到樣仔樹被提及。[102] 部分村庄則會把芒果樹當成全村居民共有物，稱之為「公樣」並一同維護，如日治時期鳳山縣維新里的村民，為保護居民共同的休息地，故集資購買「樣仔宅」。[103]

值得一提的是，由於清領時期，臺灣四處可見芒果的景象，讓諸多來臺旅者留下深刻印象，如早在 18 世紀中期，朱仕玠曰：「**臺地番樣，隨地皆有**」；19 世紀來臺調查的法國人于雅樂：「**印度的水果幾乎全都可在福爾摩沙尋得，包括橙、香蕉、鳳梨、芒果、芭樂、甜**

---

100 郁永河，《裨海紀遊》，頁 12、15；黃叔璥，《臺海使槎錄》，頁 59；連雅堂，《雅言》，頁 258。

101 王藝都，〈清代臺灣水果研究〉，頁 67；呂猶龍，〈進呈臺灣番樣疏（康熙五十八年）〉收入諸家，《清奏疏選彙》（南投：臺灣省文獻委員會，1997），頁 35-36。

102 清代現存的契書有很多這類的例子，如國立臺灣大學，《臺灣歷史數位圖書館》，檔名：〈cca110001-od-al00322-u.txt〉、〈cca100003-od-ta_04396_000099-0001-u.xml〉等，閱覽日期：2023/02/27。

103 「公樣」可參考施添福總編、林聖欽等撰述，《臺灣地名辭書 卷七：臺南縣）》，頁 469；〈天南雁音 / 詐欺取財〉，《漢文臺灣日日新報》，1909/10/14，頁 4。

瓜、椰子、檳榔、柚子。」；必麒麟亦云：「**臺灣的水果產量豐富，各城鎮周圍的小徑上，隨處可見漂亮的鳳梨。西螺的桶柑、椪柑好吃又健康。芒果、龍眼、香蕉、軟漿果或番荔枝、朱欒、柿子和石榴，都是十分可口的水果。**」[104] 此外，日明治 28 年（1895）臺灣再次改朝換代後，自幼在臺南成長的許南英，因而離開家鄉投奔他處，竟在異鄉吃到芒果想起臺灣，故寫下「**異鄉忽味家鄉味，別汝於今已十年！**」等詩句。[105] 不僅臺人，連日治時期來臺的川上瀧彌在東南亞調查之時，於巴達維亞往東的火車上，看著當地生長著芒果、波羅蜜和竹林的田園風光，竟也聯想起臺灣。[106] 可見芒果樹已在不知不覺中，成為能夠代表「臺灣印象」的果物之一。

總之，約在清領初期，時人對於芒果已有某種程度的認識，不但創造出臺灣特有的「檨」字，也能辨識不同的芒果品種。如同臺人，在清代才來到的臺灣的文人或旅者，也在品嚐過芒果和看到果樹可以避暑後，逐漸了解芒果的特性和價值，甚至主動進獻給皇帝。而這些特性，或許是臺人能夠接受芒果的原因，並更進一步的在生活中發揮芒果和果樹的特長，創造出各種不同用途。

四、清代臺人生活與芒果

由於芒果有可口的果實和果樹能乘涼等特點，可能促使人接受芒果，甚至被視為珍果。雖然不知過程為何，但經過摸索和學習的階段

---

104 朱仕玠，《小琉球漫誌》（南投：臺灣省文獻委員會，1996），頁 72；于雅樂著、郭維雄編譯，《福爾摩沙之歷史與地誌》（臺南：臺灣史博館，2019），頁 261-262；必麒麟（W.A. Pickering）著、陳逸君譯述，《歷險福爾摩沙：回憶在滿大人、海賊與「獵頭番」間的激盪歲月》（臺北：前衛，2010），頁 63。

105 許南英，《窺園留草》（南投：臺灣省文獻委員會，1993），頁 59。

106 川上瀧彌著、蔡思薇譯，《椰子的樹蔭》（臺北：農委會林試所，2020），頁 163。

後，從文獻上可見各種不同的芒果用途，意即芒果在清代已從陌生的「外來植物」，轉變為臺人生活中的「有用植物」，[107] 即時人已知如何依照自己的需求來使用芒果。以下便以商業、飲食習慣、居家生活和宗教等項目來試論之。

（一）芒果產業的局限

芒果在清代就已經是眾人皆知的美味果物，可想而知，若能拿到市場販售，應該很受眾人的歡迎，而這讓芒果得以成為一種商品。然而，和現代狀況不同，芒果在清代並非被視為重要作物。日治時期的《臺灣私法》寫到不管有沒有豐收或因自然災害而歉收，芒果一年生產額僅 2、30 錢左右，頂多只能當作農家副業，這導致人們不太在意芒果的營收，而賣出去的錢，僅做為家族的公共財，很少屬於個人獨有。[108] 不過也有研究者認為，即便果物在清代臺灣頂多當成副業，但在市場因素影響下，某些果物銷路好、獲利高，仍會促使人們擴大種植面積，形成專門栽培某種果樹的果宅，而種植芒果的「番樣宅」也是其中之一。[109] 儘管兩者的看法有些相悖，但買賣芒果應該還是多少能夠獲利，也因此仍可透過少數的資料，描述時人買賣芒果的情形。

臺人何時開始販售芒果？現存文獻仍無法解答，不過在清領初期，政府就延續鄭氏時期以來的「雜賦」，對有種植芒果的「番樣宅」進行課稅，[110] 或許臺人早在清領以前就在販售芒果。番樣宅的稅額以

---

107 「有用植物」：意指對人類生活有幫助而特別栽培，或從自然界採集到的植物。隨著文化圈的不同，有用植物的種類和在該地所處的地位也會有所相異。菅洋，《有用植物》（東京：法政大學出版局，2004），頁 2。

108 臨時臺灣舊慣調查會，《第一部調查第三回報告書：臺灣私法（第一卷下）》，頁 98。

109 「番樣宅」：在屋宅前後的空地種植芒果樹的宅第。曾品滄，〈從田畦到餐桌──清代臺灣臺人的農業生產與食物消費〉（臺北：臺灣大學歷史博士論文，2006），頁 61、63。

110 伊能嘉矩著、國史館臺灣文獻館編譯，《臺灣文化志・中卷（中譯本・修訂版）》（臺北：臺灣書房，2011），頁 344-345。

「宅」為單位計算，據清乾隆 5 年（1740）的《重修福建臺灣府志》載：

　　臺灣府　番樣、檳榔：共四十四宅【每宅徵銀不等】，共徵銀

　　一百三十六兩。

　　臺灣縣　雍正七年，報陞番樣宅稅銀七十兩。

　　鳳山縣　番樣一宅，年徵稅銀六兩。[111]

　　上述可知，就算同樣以「宅」為單位徵稅，但是各地的收稅標準相異，而清道光 27 年（1847）的《東瀛識略》載「**嘉義以北無徵**」，[112] 表示即使當時芒果早已擴展到彰化地區，但此稅仍只針對初期有種植芒果且數量較多的區域，以至於臺南地區的稅額比高雄來得要多。其後，雜賦被認為是弊病，在丁日昌上諭請求減輕民眾負擔後，於清光緒 3 年（1877）停止徵收。[113] 附帶一提，臺灣縣被收樣宅稅的地點為「北路花園」，其地點可能是位於武定里（今臺南永康區）的陳氏花園。[114]

　　關於清代買賣芒果的記載不多，最早提到的文獻是清乾隆 36 年（1769）的《海東札記》，據載：「**土人壓擔堆筐，鬻諸通市，果之最繁富者。**」[115] 從文句可看出，芒果市場上買賣狀況最為繁盛的果物。其販售方式，則是果販拿著裝著芒果的竹籃在市場四處兜售，或也有如今日水果攤擺放在盤子上供人自由選購。[116]

111　劉良璧，《重修福建臺灣府志（上）》（臺北：文建會，2005），頁 331、333、335。
112　丁紹儀，《東瀛識略》（南投：臺灣省文獻委員會，1996），頁 20。
113　伊能嘉矩著、國史館臺灣文獻館編譯，《臺灣文化志・中卷（中譯本・修訂版）》，頁 346-347。
114　「北路花園番樣一宅，徵銀七十兩」，參閱臺灣銀行經濟研究室編，《臺灣府賦役冊》（臺北：該室，1962），頁 26；又據《重修福建臺灣府志》載「今廢為樣林，輸課」，見劉良璧，《重修福建臺灣府志（下）》，頁 633。
115　朱景英，《海東札記》，頁 35。
116　〈樣二首〉：「篾絡筠籃到處攢，黃金青玉亂堆盤。」謝金鑾，《續修臺灣縣志（下）》，頁 743。

　　雖然販售芒果可以獲利,但要成為有規模的產業,尚存諸多問題,例如芒果會因為產量過剩造成價格暴跌,因此《臺灣通志稿》稱「盛熟則歲歉」。[117]除產量過剩價格低廉外,在現代化管理之前,芒果也很容易被氣候影響,因此還有多雨時只開花不結果,以及颱大風讓果實落地而減產等問題。[118]事實上,即便到日治中期已有專門人士栽種芒果等著盤商來收購,[119]但芒果仍被稱為「野生果物」,其原因有二:一是果實來源收集自山林;二是人們沒有很仔細的照顧芒果,為「半野生狀態」,而且因為當時沒有控制果樹的高度,故如同六十七會看到果樹高尋丈(約 6 公尺);清同治 13 年(1874)史蒂瑞也在臺灣府東方見到許多高大的野生芒果樹。[120]疏於照料管理果樹,可能導致芒果品質不佳,而高大的果樹,則造成採收不易且伴隨生命危險,[121]而這些都將成為芒果產業發展的阻礙。

　　除前述和栽培有關的問題外,缺乏良好的運送方式,也是造成芒果無法成為重要作物的主因,因為芒果是很難久放的果物,故云:「**越宿即爛,故難到遠地**」、「**過海即敗苦,不得入內地**」,[122]而這也導致官府在徵收番檨宅稅時,尚要求徵收「銀」,以補貼運送時的缺損。[123]如

117　薛紹元總纂,《臺灣通志稿(上冊)》,頁 111。

118　〈嘉義通信／黃檨少結〉,《漢文臺灣日日新報》,1908/04/21,頁 4;19090616〈鯤南近信／黃樣價賤〉,《漢文臺灣日日新報》,1909/6/16,頁 5;〈瀛壖鯉信／菓實剝落〉,《漢文臺灣日日新報》,1910/07/03,頁 6。

119　芳賀鍬五郎,《臺灣の熱帶果樹檬果(檨仔)》第二卷,頁 62。

120　芳賀鍬五郎,《臺灣の熱帶果樹檬果(檨仔)》第二卷,頁 1;〈檨仔盛出〉,《臺灣日日新報》,1917/07/07,頁 6;六十七,《番社采風圖考》,頁 94;史蒂瑞,〈來自福爾摩沙的信件〉收入費德廉、羅效德編譯,《看見十九世紀臺灣》(臺北:如果出版社,2006),頁 104。

121　芳賀鍬五郎《臺灣の熱帶果樹檬果(檨仔)》第二卷,頁 1-2;實生的野生芒果,種子纖維很長、松節油的味道也較濃郁。參見岩佐俊吉,《熱帶の果物誌》,頁 149;〈鯤南近信／口腹累人〉,《漢文臺灣日日新報》,1907/06/27,頁 6。

122　諸家,《澎湖臺灣記略／臺灣紀略》(南投:臺灣省文獻委員會,1999),頁 63;郁永河,《裨海紀遊》,頁 12。

123　日:「番檨宅餉(額銀六兩)應徵耗銀:七錢二分」。王瑛曾,《重修鳳山縣志》(臺北:臺灣銀行經濟研究室,1962),頁 129。

此限制下，芒果的販售，往往只局限產地周邊，無法擴大貿易範圍，量較多者用牛車運到市場；量少者就如前述，自行挑擔子到街上販售，縱貫鐵路完工前，連島內跨區域販售都很勉強。[124]不僅放置時間的問題，芒果柔軟很容易因碰撞而損傷，如要長途運輸，在包裝上也必須更加慎重。若參考 1910 年代的事例，臺灣芒果傳統包裝可說相當粗糙，直接將果實放到用竹皮當緩衝物的竹簍中，然後用竹皮當蓋，再以藤枝來包裹竹簍，最後用繩子打成十字捆住。[125]

要之，清領時期，臺灣芒果已經有產業化的雛形，但因為無法達成大量輸送芒果條件，所以仍局限在地方，使其發展有限，難以單靠種植芒果維生，頂多當副業、補貼家用。縱使有成功將芒果輸出到中國的事例，但仍需細心照料才能送達，實不符經濟效益。[126]臺灣則從日治時期起，日人為讓芒果成為重要作物，開始嘗試改善運輸方式和改良品種。[127]

（二）替代品或儲備糧食

芒果的果實，除了美味和能夠販售之外，其實還有著其他的用途，人們會拿它做為蔬菜的代用品和備用食品。清領初期，已有臺人

---

124 福田要，《臺灣の資源と其經濟的價值》（臺北：新高堂書店，1921），頁 237；〈嘉義通信／黃檨繁產〉，《漢文臺灣日日新報》，1907/06/23，頁 4；〈黃檨盛出〉，《臺灣日日新報》，1917/06/09，頁 6。

125 芳賀鍬五郎，《臺灣の熱帶果樹檨果（檨仔）》第二卷，頁 62。

126 呂猶龍，〈進呈臺灣番檨疏（康熙五十八年）〉，頁 35。史蒂瑞有提到芒果輸出到香港的事情，但筆者目前仍未發現清代芒果輸出到中國的紀錄，目前只有日治時期有文獻提到芒果乾是唯一輸出海外的方式，明顯出現矛盾，故暫作保留。史蒂瑞，〈來自福爾摩沙的信件〉收入費德廉、羅效德編譯，《看見十九世紀臺灣》，頁 104；史蒂瑞、林弘宣譯、李壬癸校註，《福爾摩沙及其住民—19 世紀美國博物學家的臺灣調查筆記》（臺北：前衛，2016），頁 18。

127 如引進外來品種改良，或利用冷凍技術保存芒果等。東京帝國大學農學部附屬演習林，《臺灣ニ生育スベキ熱帶林木調查：熱帶果樹篇》（臺北：該部，1925），頁 40-41〈マンゴーの貯藏季節外れても喰へる高雄で成功する〉，《臺灣農林新聞》2，1936/1/1，頁 7。

會趁果實尚未成熟時，切片沾醬油或鹽巴，來當成蔬菜的替代品，如蔣毓英《臺灣府志》載：「**味酸如梅，採而鹽之，可作菜品**」，或《臺海使槎錄》略謂：「**臺人多以鮮樣代蔬，用豆油或鹽同食。**」芒果在嘉義俗稱為「菜樣」，很可能與此有關。[128] 事實上，這種吃法在今天臺灣部分地區似乎依然可見，就筆者所知，至少在高雄或屏東都還會有人拿青芒果沾醬油吃，只是在物資豐富的今天，不再是替代品，而是做為點心之用。

眾所周知，因為芒果的出產期多在夏季，加上果實保存期限很短，為不時之所須，以及準備過冬，遂也發展出鹽漬和糖漬等保存方式，故有詩云「**御冬旨蓄醃番蒜**」。[129] 而關於芒果的醃漬保存方式，據《臺灣通史》載：

> 柴（木）樣最多，青者切片和醬代蔬，或漬鹽藏之以時，煮魚尤酸美，可醒酒，黃者生食。肉樣則晒乾，用糖拌蒸，配售閩粵。香樣肉脆味香，最後出。[130]

由此可知，依照芒果品種和特性不同，其處理方式也相異。雖然香樣最為美味，但平時可能仍以數量最多的木樣（土芒果）為主，也能生吃；肉樣則是味道太重，必須要加工才能食用。木樣在果實尚未成熟的狀況下，有「鹽漬」和前述的「切片沾醬油」等吃法。「鹽漬」是很普遍的保存方式，做法是先剝去果皮再除去果核，放入鹽水煮，待沸騰之後，趁熱儲藏起來。鹽藏三、四天後就能食用，可保存四、

---

128 蔣毓英，《臺灣府志》，頁41；黃叔璥，《臺海使槎錄》，頁59。芳賀鍬五郎，《臺灣の熱帶果樹檬果（樣仔）》第二卷，頁18。

129 侯官馬清樞子翊著，〈臺陽雜興三十首〉，收入諸家，《赤嵌集／使署閒情／臺灣雜詠合刻》（南投：臺灣省文獻委員會，1994），頁54。

130 該版本將「肉樣」誤植為「內山」。連橫，《臺灣通史》，頁666。

五個月。[131]

　　肉檨主要用於糖漬，依做法分為「檨仔乾」（芒果乾）和「檨仔糕」，是臺人飲食生活中重要的點心之一，不但能隨時補充營養，[132]還兼具保存功能。[133] 從製作過程的文字敘述來看，「檨仔糕」頗似蜜餞：儘管依照水果不同，多少有點相異，但主要做法都是先清洗並切成適當大小，用熱水或油煮過之後，再放入混有白糖的糖漿中熬煮，等待冷卻後就算完成。[134]「檨仔乾」則一樣要先去掉果皮，將果肉切成四片，待天氣晴朗時曬約四天，使其乾燥即可。100 顆芒果能做兩斤芒果乾，一人一天能做約四斤，其功能主要是農家為了儲藏芒果，也會當成點心食用。[135] 不過，正如臺語俗諺云：「生食都無夠，哪有通曝乾（Tshenn tsiàh to bô-kàu, ná ū thang phàk-kuann）」，所以只有在豐收之年會製作芒果乾，其後在日治時期似乎有成為外銷商品，輸出到中國的廈門和香港。[136]

　　除了鹽漬和糖漬外，在清代還有一種利用芒果製作的「蓬萊醬」（醃芒果醬）的佐料，可算是當時代的臺人，飲食文化的「創新」。因為就算醃製食品並非罕見，如魚、肉醬和大豆醃製物等，都是中國、日本和東南亞常見的副食品，醃漬物也是臺人餐桌上的常客。[137]

---

131 芳賀鍬五郎，《臺灣の熱帶果樹檬果（檨仔）》第二卷，頁 71。

132 非維生性的點心可分為 4 種：鹹點心、甜點心、小食和水果。郭立婷，《味覺新滋味—日治時期菓子業在臺灣的發展》（臺北：國立政治大學臺灣史研究所碩士論文，2010），頁 20。

133 「曬乾用糖拌蒸，亦可久藏」。參閱黃叔璥，《臺海使槎錄》，頁 59。

134 除芒果外尚有：鳳梨糕、李仔糕、枇杷糕、楊萄糕、冬瓜糖、柚仔糖、明薑糖、木瓜糖、桔餅、柑餅等。片岡巖，《臺灣風俗誌》（臺北：南天復刊，1921），頁 234。

135 芳賀鍬五郎，《臺灣の熱帶果樹檬果（檨仔）》第二卷，頁 71-72。

136 〈臺南片影／檨仔失收〉，《漢文臺灣日日新報》，1908/5/27，頁 4。

137 大林太良編，《日本の古代 8：海人の伝統》（東京：中公文庫，1987），頁 43；臺人日常飲食中的醃漬物，請參閱東方孝義，《臺灣習俗》（臺北：南天復刊，1943），頁 27。

然而,把水果做成佐料或烹調的材料,並非 17 世紀漢人的飲食習慣,也因此黃淑璥把使用了果物的料理稱「海外奇製」。[138] 關於「蓬萊醬」的製作,清代文獻上的記載有些雜亂,有「**切片用糖醃之**」或「**始生時和鹽薑搗為菹,曰蓬萊醬。**」[139] 不過若按照描述和食用方式,前者應該是糖漬的誤記;蓬萊醬應屬後者較為恰當,即用鹽等辛香料與果肉和在一起搗碎,而蓬萊醬和鹽漬、糖漬相同,亦能夠做長期保存。[140]

在食用上,蓬萊醬最常被加到魚湯食用,且為了避免過食腹瀉,會再加入「破布子」來緩解。[141] 或許做為芒果發源地的臺南人最常吃到芒果,故連雅堂提到:「**黃樣盛出時,食之過多,則胃起痙攣之症,所謂『樣子痧』也;食破布子則愈……與黃樣同熟,互相調劑,誠造物者之巧也……臺南人雖多食黃樣而無發病者,則破布子之功也。**」[142] 不過目前不知臺人何時發現破布子能解毒?而官田區和南部的「毒芒果」傳說,[143] 雖然或能視為過去摸索過程中留下的印記,但因為兩者內容有所歧異,因此還需要另外再進行檢證。

除了當成補充糧食之外,芒果也有藥性,可以補肝脾和避寒,曰:「**結實皮綠、肉黃,其氣辛熱、其味酸甘,入肝補脾**」或「**味甘**

138 「土人用波羅蜜煨肉,黃梨煮肺,亦海外奇製」。黃叔璥,《臺海使槎錄》,頁 6。關於蔬果在東南亞的飲食文化的相關論述,可參閱鄭南,〈地緣區域視野下的東南亞飲食文化考察〉,收入蒲慕州主編,《飲食傳播與文化交流》(臺北:財團法人中華飲食文化基金會,2009),頁 273-274。

139 朱景英,《海東札記》(臺北:臺灣銀行經濟研究室,1958),頁 36;謝金鑾編纂,《續修臺灣縣志(上)》,頁 142。

140 施鴻保云:「**名『蓬萊醬』;可以饋遠**」,見氏著,〈閩雜記(錄十八則)〉,頁 41。

141 連雅堂,《臺灣語典》,頁 250-251。

142 連橫,《臺灣通史》,頁 83-84。

143 儘管兩造都說是為了解毒才找出破布子,但官田區的毒芒果傳說為說荷蘭人想要毒害臺灣人,而南部流傳的卻是日本人,因此出現歧異。陳景琴監修,《官田鄉志》,頁 83;〈細說從頭臺灣芒果 有來頭〉,《聯合報》,1993/07/04,34 版。

性暖，多食暖腹」。[144] 不過，要是吃過多芒果就會導致腹瀉和帶來嚴重後果，所以也有出現警世歌謠：**「檨仔青面青青，檨仔黃面黃黃，檨仔過官柴相隨」**。[145] 要之，無論是鹽漬、糖漬或蓬萊醬，其主要功能都是在保存或節省糧食，顯然人們創造出這些芒果料理法與臺灣早期為移墾社會有關，[146] 而芒果也從此時期加入臺灣飲食文化的行列。

（三）能充當燃料的休息所

1. 遮蔭避暑的檨仔林和檨園

由於臺灣天氣炎熱，加以清代以務農為生的人居多，在下田工作時，會需要有地方可以休息。誠如前述，當時人們已注意到芒果樹能夠避暑，所以就會在田地或建築物周邊種植幾棵芒果樹來打造樹蔭，以供人們休息和避暑。實際上，幾處鄭氏時期遺留下來的建築物，如陳氏花園（陳永華別墅）、鄭氏北園改建的海會寺（開元寺），以及寧靖王墓旁等，均存在著「檨林」或「檨園」。[147] 表示或許自鄭氏時期起，臺人就會把芒果樹種在居家周邊、田園、寺廟，甚至是墓地等需要遮蔭之處。

在清初，種植在居家周邊種植芒果樹等植物，已成為臺灣常見的風景之一，如《諸羅縣志》載**「牆下廣植龍眼、鳳梨、番檨、荊**

---

144 六十七，《六十七兩采風圖卷》（臺灣圖書館藏）；魯之裕著，〈臺灣始末偶紀〉，收入諸家，《臺灣輿地彙鈔》（南投：臺灣省文獻委員會，1996），頁 26。

145 黃連發，〈歌謠より〉，《民俗臺灣》2：10（臺北：東都書籍臺北支店，1942/10），頁 4。

146 醃漬食品的重要性有三：儲存食物、節省開支、節省烹飪時間。參閱陳玉箴，《「臺灣菜」的文化史：食物消費中的國家體現》（新北市：聯經，2020），頁 93。

147 「陳氏花園」本為陳永華別墅，廢為檨林。劉良璧，《重修福建臺灣府志（下）》，頁 633；寧南坊的檨林，廣可數十畝，見連橫，《雅堂文集》，頁 244；「鄭氏北園」有檨園一所，見范咸，《重修臺灣府志（下）》，頁 708-710；「寧靖王墓」旁有檨園：周鍾瑄，《諸羅縣志》，頁 414。

蕉。」[148] 而野生的檨仔樹林，也常常吸引人聚集、在樹下休息，如有詩云「**檨仔林邊徑路分，中藏羅漢腳紛紛。**」[149] 若聚集的人數不斷增加，也有可能形成聚落，像高雄市橋頭區新莊村的「檨仔腳」的例子：原來只是農民為了耕種方便，建寮於芒果樹下，然後因為旅者不斷聚集，隨人數增多就成為小村庄。[150]

由於在田地或路邊周邊種植芒果樹，已是清代臺人的習慣，甚至成為「傳統」，影響到來臺者，譬如蔣毓英在臺灣府建設學宮的同時，於文賢里設置學田，並以竹子做圍牆，然後在其中雜栽植椰、檨、檳榔等樹。[151] 其後，來臺進行植物調查的田代安定，提到芒果和木瓜樹是各村落之間最常見的「路樹」。[152] 而《臺灣私法》亦寫到，在平地，芒果會單獨或成排的種植在田邊，以及宅厝周邊沒有其他作用的土地上，很少單獨存在，[153] 表示此習慣一直延續到日治初期。不過直到近代為止，三合院前後院空地仍看得到芒果樹，[154] 而筆者近期也在高雄的鄉間或城市，見到種植在田邊和老屋旁的芒果樹。

除了民眾種植在生活周遭或生長在野地的芒果樹外，清代也有栽種芒果樹的庭園，並稱之為「檨園」或「檨圃」。[155] 這類庭園，因為

---

148 周鍾瑄，《諸羅縣志》，頁 138。

149 侯官劉家謀芑川著，〈海音詩〉，《臺灣雜詠合刻》收入諸家，《赤嵌集／使署閒情／臺灣雜詠合刻》（南投：臺灣省文獻委員會，1994），頁 21。

150 施添福總編，《臺灣地名辭書 卷五：高雄縣 第二冊（上）》，頁 87。

151 蔣毓英，《臺灣府志》，頁 207。

152 田代安定，《臺灣街庄植樹要鑑（下卷）》（臺北：臺灣總督府民政部殖產科，1900），頁 85。

153 臨時臺灣舊慣調查會，《第一部調查第三回報告書：臺灣私法（第一卷下）》，頁 96、98。

154 蔡宏進回憶近代農村生活時，提到農家種果樹的目的：「一是生產水果自用；二是遮蔭乘涼。」蔡宏進著，《追憶失落的臺灣農業與農家生活——近代臺灣農業史》，頁 53；王浩一，《著時—南方‧美時‧美食》（臺北：有鹿文化，2015），頁 123。

155 高拱乾，《重修臺灣府志》，頁 514。

高雄大寮區田邊成列的芒果樹（2023）　高雄新興區被芒果樹包圍的老屋。（2023）

景色宜人且可供避暑，因此頗受文人喜愛，如位在諸羅縣縣治後方的檨圃，還被列為「諸羅六景」之一，曰：

> 檨圃風清　檨圃在縣署後。康熙五十五年修志，立局於此地。廣可六、七畝。高燥爽塏，為邑治內第一。外環修竹，中大檨數株，屈曲、亭直、偃仰，各有其妙。盛夏酷暑，涼風暫至，披襟瀟洒，不減羲皇上人也。[156]

因為立地良好，加上舒適宜人的環境，特別是檨圃中數棵高大芒果的樹蔭，更使其成為避暑良所。也因此，陳夢麟讚譽有佳，還寫下〈檨圃〉詩，詩中提到：「**參天老樹鬱青蔥**」，[157] 可見園中的果樹，已存在一段時間，或許清領之前就已經存在了。另外，芒果的外觀顯著，這讓植有村庄、房屋和地界變得容易辨識。也因此，除了前述遍布臺灣的檨仔相關地名或地景之外，在契書上也常看到臺人在劃分土地的邊界時，用檨樹當標誌，如：「**東至破子樹，西至檨仔樹……四**

156　周鍾瑄，《諸羅縣志》，頁 18。

157　〈檨圃〉：「**小圃茅齋曲徑通，參天老樹鬱青蔥；地高不怕秋來雨，暑極偏饒午後風。海外雲山新畫卷，窗間花草舊詩筒。莫愁紙盡無揮灑，纔種芭蕉綠滿叢。**」周鍾瑄，《諸羅縣志》，頁 269。

至明白為界」或「門口上埒田……南勢一半至檨仔樹為界」等。[158] 以此，人們種植芒果樹除了遮蔭之外，還有標識位置的意味存在，然後這樣的習慣，後來就成為臺人的「傳統」，並一直延續到近代。

2. 能當成燃料和販售的「檨仔柴」

雖然芒果木可以做為建材或燃料使用，但文獻上只有零星的記載，實難看清全貌。在建材部分，早在 17 世紀末，就有荷蘭人曾經拿芒果木當建材的紀錄，但清代臺灣的木材，大多依賴中國進口，一般人常使用建材則是容易取得的竹子，靠海的地區因木材缺乏，多半是使用竹子；南部地區則因使用盛產的檳榔木，惟恆春地區拿芒果木做建材。[159] 也因此，在建材方面，芒果木並非是臺人建材的首選。

比起建材，芒果木材可能更常當作薪柴使用。荷蘭時期雖常見到從打狗等地，載木材回大員做燃料的記載，但沒特別提到用芒果木當薪柴。[160] 在清代，臺灣常使用的燃料可分四種：作物秸稈、薪柴、木炭和煤炭。其中山區有豐富的薪柴資源，也會保留「柴林」以備利用；城市則因缺乏作物殘餘，也常砍伐木本植物用來生火，當柴火的木材種類，隨地區不同也有差異。[161] 此外，陳國棟研究提到，在 18 世紀末臺灣各城市已經出現出售薪柴或木炭的舖戶，而鄉間則有定期

158　國立臺灣大學，《臺灣歷史數位圖書館》，檔名：〈cca100100-od-002590713-001-n.txt〉、〈ntul-od-bk_isbn9789860006032_0023400234.txt〉，閱覽日期：2023/02/27。

159　傳統建築的部分可參考東方孝義，《臺灣習俗》，頁 47；佚名，《竹造建築の研究　第一報》，頁 35（國立臺灣圖書館藏）。恆春：金平亮三，《臺灣有用樹木誌》，頁 167。

160　例如：1644 年 10 月 29 日的記載，「**有艘船從打狗載薪材來**」。江樹生譯，《熱蘭遮城日誌（第二冊）》（臺南：臺南市政府，2002），頁 369。

161　曾品滄，〈炎起爨下薪—清代臺灣的燃料利用與燃料產業發展〉，《臺灣史研究》15：2（臺北：臺灣史研究編輯委員會，2008/06），頁 41/43。

市場，顯示買賣燃料已是種產業。[162]芒果樹可砍來當木材，自然芒果
木也被當成是燃料資源的一種，但只有木材充足的北部，會用芒果木
當燃料，並拿來製作金銀紙或燒成灰水（即鹼水）；木材缺乏的南部，
則使用曬乾的芒果種子當燃料。[163]顯示依照地方資源不同，而出現文
化歧異的狀況。

　　此外，曾品滄指出清中葉混合竹子和果樹的各類園林，普遍存
在於臺南和高雄的丘陵地上，而芒果也是其中之一，而清同治 13 年
（1874）美國博物學者史蒂瑞在臺灣府東邊土壤貧瘠的山丘上，看到
不少芒果樹。[164]再加上，清光緒 15 年（1889）「嘉義西堡山仔頂莊
石碑」提到有人趁著到山裡取柴火時，因貪圖方便，擅自砍附近住家
的籬笆來當燃料，甚至偷採果實或蔬菜等，故要求他們若要柴薪，必
須到山谷砍欉林。[165]換言之，種植在山邊的芒果，很可能不只是為
了吃果實，而是為了便於取得燃料，人們刻意種植的「柴林」。而這
些芒果柴，當然可用於買賣，譬如日治初期定期有臺車搬運「檨仔
柴」到車站集貨，再送往他處販賣，或趁薪柴價格好的時候，砍伐山
裡的芒果樹大賺一筆。[166]

（四）芒果相關的宗教崇拜

162 陳國棟，〈臺灣的非拓墾性伐林（約 1600-1976）〉，收入氏著，《臺灣的山海經驗》（臺北：
　　遠流，2005），頁 301 ～ 302。

163 北部事例請參閱金平亮三，《臺灣有用樹木誌》，頁 165、167；南部案例可參考東京帝國大
　　學農學部附屬演習林，《臺灣ニ生育スベキ熱帶林木調查：熱帶果樹篇》，頁 21。

164 曾品滄，〈從田畦到餐桌——清代臺灣臺人的農業生產與食物消費〉（臺北：臺灣大學歷史博
　　士論文，2006），頁 147。史蒂瑞，〈來自福爾摩沙的信件〉收入費德廉、羅效德編譯，《看
　　見十九世紀臺灣》，頁 104；史蒂瑞、林弘宣譯、李壬癸校註，《福爾摩沙及其住民—19 世
　　紀美國博物學家的臺灣調查筆記》，頁 18。

165 臺灣銀行經濟研究室編，《臺灣私法物權編》，頁 1073。

166 1908 年 12 月一臺車約 1 萬 1000 斤，價值 25 圓，見〈鯤南商況 / 檨仔柴〉，《漢文臺灣日日新報》
　　1908/12/12，頁 3；〈視察水利談〉，《漢文臺灣日日新報》，1910/01/23，頁 4。

　　如同臺諺「食果子拜樹頭」（Tsiàh kué-tsí pài tshiū-thâu），被
當成「珍果」的芒果，在精神面，也因人們認為果樹有特殊力量，或
是感謝芒果給予人們的恩惠等，遂將其納入臺灣民間信仰之中，芒果
樹成為「大樹崇拜」的對象之一。[167] 譬如清領初期，臺南寧南坊的「檨
仔林庄」，將當地的檨仔林視為「聖林」，再結合地方傳統信仰：「石
母娘娘」（檨仔林媽，孩童守護神），形成「檨仔林庄信仰」（今臺
南朝興宮的前身）；興起於清領後期的嘉義「檨王公廟」，則是傳說
藉芒果樹蔭的靈力，讓小孩起死回生，進而衍生出果樹製成的神像，
有治癒疾病的能力，也成為地方守護神。相反的，若不知感恩可能會
受到懲罰，因此官田地區流傳著若濫伐芒果樹，就會讓村庄衰敗的説
法。[168] 另外，由於芒果已在人們生活中佔有一席之地，故也成為祭天
謝祖時的供品之一。根據《安平縣雜記》載：

　　　　五月五日，為端午節。……例於午間備牲醴、大面、肉
　　　粽、糖粽、西瓜鳳梨、番檨、白糖、桃李以祀神及祖先。[169]

　　雖然可能只在臺南才看得到，但端午節為農曆 5 月 5 日，正好
是臺南芒果的盛産期，而祭祖和節慶時所用的供品，帶有感謝祖先之
意。[170] 以此，即使信仰的主體，不是果樹本身，但都是人們為答謝生

167　大樹崇拜在臺灣相當普遍，具有四個意義：生命力、生殖力、治病強身和崇功報德。阮昌銳，
　　〈大樹的崇拜〉，《臺灣風物》33：3（臺北：臺灣風物雜誌社，1983/9），頁 43、53-54。

168　張玉燕，《臺南府城廟宇歷史探源：檨仔林朝興宮 / 保和宮》，頁 4-6；在宗教學中，石頭－樹－
　　祭壇是「植物祭祀」的典型範例，見米爾洽‧伊利亞德著；晏可佳等譯《神聖的顯視：比較宗教，
　　與人類永恆的企盼》（臺北：心靈工坊文化事業，2022），頁 366、369-372。阮昌銳撰文時
　　間的百年前，約是 1880 年代，故推測檨王公信仰應始於清領後期，阮昌銳，〈大樹的崇拜〉，
　　頁 51；〈林業史實〉，頁 51。

169　佚名，《安平縣雜記》臺灣文獻叢刊第 52 種，（臺北：臺灣銀行經濟研究室，1958），頁
　　52。

170　清代鳳山芒果於 4 月先熟，臺南則爲 5 月。黃叔璥，《臺海使槎錄》，頁 52；民間準備供品
　　祭拜神祇的行爲，除了表達虔誠外，也隱含「報謝」的原則。李秀娥，《臺灣民俗節慶》（臺中：
　　晨星，2004），頁 31。

活中芒果或果樹帶來的好處之體現，這也象徵著芒果已經正式融入臺灣文化之中，不再是外來物種，而是人們生活中重要的植物之一。

五、結語

　　17 世紀初期，芒果隨著荷蘭人傳入臺灣，也代表著新文化的到來。原來只種植在臺南地區，但從鄭氏時期起，就跟著拓墾者分別向北和南在臺灣傳播，表示臺人對於芒果已有某種程度認識和接受，而經過約 200 年傳播之後，19 世紀初幾近全島皆能見到芒果的蹤影，臺灣各地因而出現許多用「檨仔」來命名的聚落或地景。由於臺灣四處可見芒果樹，也讓本來陌生的植物，搖身一變成為能夠代表臺灣的果物之一。

　　實際上，早在清領末期傳播全臺之前，臺人已逐漸接受和認識芒果，人們因而創造出「檨仔」來稱呼和書寫，並且辨識出三種不同的品種，分別是「肉檨」、「香檨」，以及最為人所知、數量最多，今日俗稱「土芒果」的「木檨」。雖然不知道臺人接受芒果的真正原因為何？但藉由清代來臺者的觀點，可知除了少部分人士外，多數的人，都對它有著不錯的評價，無論是果實或是果樹，甚至也讓人興起進獻給皇帝的想法。相對於此，比起旅臺者更熟知芒果的臺人，不但視其為珍果，也注意到芒果有市場價值。

　　而隨著人們對於芒果越漸熟悉，臺人遂發揮芒果的特長，按自己生活所需，將其融入生活之中。因為芒果多產又頗受人歡迎，故清代芒果已被農民拿到市場販賣，但是仍有如品質不佳和生產量時多時少等問題，再加上運送技術不佳、無法送到遠處，以至於販售地點受到局限，以至於經濟效益大打折扣，也導致芒果無法成為重要作物。除

販售外，由於清代臺灣為移墾社會，資源時常短缺，人們為了解消蔬菜不足的困擾，遂拿芒果當成蔬菜的替代品，在芒果仍未成熟時，切片沾醬油來吃。而為了節省開銷和儲備糧食，也發展出如或鹽漬和糖漬等保存法，另外還創造出可加在魚湯裡，較為特殊的「蓬萊醬」。

此外，在天氣炎熱的臺灣，人們在工作之餘，也需要有地方可休息，因此能夠形成樹蔭的果樹就受矚目，遂開始在自家或田地等地附近種植芒果，這也讓芒果樹成為清代臺灣常見的街頭景緻，並成為直到現代少部分地區仍可以看的農家習慣。芒果木材不僅可以遮蔭，在仍需燃燒木材或木炭來生火的清代，芒果木材或者果實種子，也能當成燃料來使用。當然，除了自用外，也有人專門到山裡砍伐果樹到城市販售。其後，由於芒果能補足生活資源的不足和有諸多好處，因此形成芒果相關崇拜，或在祭祖時把芒果當成供品，以表示答謝和感恩。要之，在熟悉程度和生活所需提升後，隨之出現文化變遷，各種不同的用途也應運而生，芒果自此融入臺灣文化。

【參考書目】（略）

臺南地區家將的源起與發展傳衍初探

蔡沂蓁、蔡宗信 *

摘要

　　臺南，做為家將文化的發源地，提供了研究家將源起與演化歷程的關鍵場域。本文以臺南為核心，探討家將的源起、發展及其傳播，旨在理解臺南家將的脈絡。並透過對臺南家將源起與發展傳衍的分析，期盼為全臺家將文化的起點提供清晰的發展主軸與珍貴的源起資料。本研究結果獲致下列結論：家將的源流可追溯至清末福州的五帝信仰和驅瘟逐疫習俗。但中國相關紀錄中均未見「八家將」之名。「八家將」一詞於 1898 年首次在《臺灣日日新報》中出現。這表明臺灣的「八家將」可能是結合了清末福州迎五帝驅瘟逐疫儀式中「挑刑具者」、「四季將」、「五方鬼」以及福州「八將」等元素，並融入臺南白龍庵道士的創新，在清末期間逐漸演化成具有鮮明臺灣特色的「八家將」形態。發展至日治初期白龍庵與西來庵的五靈公驅瘟除疫廟會活動，已有數萬人群參與，其規模已經相當龐大。同時公館前豎立「某部駕前家將」，標明隸屬的家將，這些堂號組織與出軍儀式，已具備家將組織的規範化和制度化的形式。次之，家將打扮、展演動作的發展，已與現代相似，因此在日治初期家將的發展，已經與現今的家將文化祭儀，呈現顯著的相似性。至 1915 年「西來庵事件」對家將發展造成重大影響，但這並

未終結家將文化，在家將成員逃散後，家將文化反而得以南傳北衍至臺灣其他地區。綜合來看，臺南家將的衍派，為白龍庵與西來庵兩大宗脈。佳里西港的家將傳統，直接承繼自臺南市舊市區，進而形塑出佳里「吉字衍派」。新化地區的家將，則源自西來庵的傳統。其他地域家將的傳衍，呈現了南傳北衍及回流衍生的模式，北上傳至嘉義地區的家將，又反傳回鹽水、新營、麻豆地區，而南下傳至鳳山的家將，又經旗山反傳至歸仁、大灣、永康一帶。

關鍵字：家將、陣頭、家將衍派

*   蔡沂蓁，國立體育大學體育研究所博士班研究生；蔡宗信，臺南大學體育系教授兼民俗體育
發展中心主任

一、前言

　　家將文化，做為臺灣民間信仰陣頭中不可或缺的組成部分，不僅肩負著宗教儀式的執行，也承載著豐富的文化意涵。臺南，做為這一陣頭文化的發源地，提供了研究家將源起與演化歷程的關鍵場域。透過對臺南家將源起與發展傳衍脈絡的深入分析，可為理解臺灣家將文化的整體進程，提供發展主軸與珍貴資料。

　　本研究的目的，在於剖析臺南家將文化源頭與追溯其地域傳播與衍派發展的歷史。本文分為三個部分：首先，對臺南家將的源起，進行深入的探討，旨在釐清其發展的背景與起源，期望能揭示臺南地區如何生成家將，成為全臺家將的起源地，以為家將文化的起點設定基調；其次，將分析家將的歷史發展過程與特色。最後，本文將研析家將在臺南地區傳衍的具體情形。

　　綜上所述，本文將臺南家將的源起、發展以及地域傳衍，做為探討核心，期盼能填補學術研究中關於臺灣家將源流與發展傳衍的空白，並為未來相關研究奠定進一步的理論與實證基礎。

二、臺灣八家將的源起背景

　　臺灣八家將的起源，可謂與晚清時期自福州移駐至臺之官兵創立的白龍庵息息相關。故本研究先通過剖析中國福州五帝信仰與驅瘟逐疫之傳統習俗，釐清臺灣八家將的源起背景情況，以下分各段論述之：

（一）明清福州五帝驅瘟逐疫習俗與神明扈從的扮演

　　中國福建福州五帝信仰和驅瘟逐疫習俗可追溯至明崇禎 15 年（1642）《榕城紀聞》，其中詳細描述了的相關習俗。通過對文獻的分析，並與臺南現今香科祭儀進行比較，發現兩者之間的相似性，相當的高，舉例說明如下：

1. 明代福州五帝信仰與驅瘟逐疫習俗

　　根據《榕城紀聞》所載，[1]該書紀錄於明崇禎 15 年，內容詳細記述了當地關於五帝信仰和驅瘟逐疫的各項習俗。本研究通過對上述文獻的分析，並將其與臺南當代香科祭儀作一對照，揭示出兩地習俗之間存在著極高的相似度。《榕城紀聞》所記載的內容舉例說明如下：

　　（1）集資與社區參與：「各社居民鳩集金錢，設醮大儺」。（2）尊重神明與模仿生人禮節：「設立衙署，置役，收投詞狀，批駁文書，一如官府」及「五帝所居，早晚兩堂，一日具三膳，更衣宴寢，皆仿生人禮」。（3）製作與燒獻船隻：描述有「作紙舟」與「出海名曰出海，藉以象徵五帝逐疫出海而去」。（4）遊行與遶境：紀錄了「旋繞都市四圍」和「執香隨從者以數千計」、「殺羊宰豬，向舟而祭」以及「鳴鑼伐鼓」、「一鄉甫畢，一鄉又起，甚至三四鄉、六七鄉同日行者」等習俗。（5）扮演與表演：提到「屠沽及遊手之徒，或扮鬼臉，或充皂隸，沿街迎賽，互相誇耀」。

　　綜觀以上所述，《榕城紀聞》中所載與臺南地區百年前的迎老爺（迎五靈公當時稱為「迎老爺」）以及現今的王船祭儀，均呈現顯著的相似性。[2]

1　陳發曾，《榕城紀聞》，主編陳支平，《臺灣文獻匯刊》第 14 冊（廈門：廈門大學出版社；北京：九州出版社，2004），頁 2-3。

2　〈迎神瑣說〉，《臺灣日日新報》（明治 31 年），1898/09/13，版次 03。

2. 清代福州驅瘟習俗神明扈從扮演的內容分析

　　美國傳教士盧公明（Justus Doolittle）於其著作《中國人的社會生活》中，對於 19 世紀中葉福州的逐疫祭儀，有著細緻的記述。盧公明在福州的 14 年間，目睹了 1858 年霍亂前後福州居民所進行的驅瘟逐疫活動。盧公明紀錄下的迎五帝祭儀，與《榕城紀聞》中對明崇禎 15 年祭儀的描繪，在結構與內涵上殆無二致。而關於扮演與表演的細節，本文整理如下：

　　（1）塔骨：以塔骨形式出現的有①長柄鬼和矮八鬼，②牛頭馬面和雞頭鴨將，③枷鎖二將，④單角鬼和雙角鬼，⑤行化二將。[3] 等一系列具有特定形象和功能的扈從，這與臺灣各香科祭典的表演有相似之處，但這些均是「塔骨」也就是臺灣所稱的「大身尪仔」。

　　（2）由人所直接裝扮的以下幾類：[4]①類似臺灣音樂性陣頭：「遊行紙船的前面走著水手班最主要其帶樂器參加遊行並演奏。」②類似臺灣八家將刑具爺的人物：「挑者一擔具，與縣衙門裡審犯人用的刑具差不多，有枷、皮掌、夾棍、拶指等，帶著這些刑具遊行是向作崇的邪鬼發出警告，讓他們知道在另一世界裡等待他們的將是什麼樣的酷刑。」③類似臺灣八家將四季神及五毒陣的人物：「有兩組以人的形象出現的偶像較少參迎神遊行。一組是四季將 --- 人扮的春、夏、秋、冬四季，他們的扮演者臉上分別塗成綠、紅、白、黑的顏色。另一組五方鬼代表東、西、南、北、中五方，從廟裡的塑像或壁畫上看，五方鬼也猙獰可怖到極點的形象，在迎神隊伍中用人來扮演，看

3　　盧公明 (Justus Doolittle，1824-1880)，《中國人的社會生活 (一個美國傳教士的晚清福州見聞錄)》，翻譯陳澤平 （福建：福建人民出版社，2009），頁 145-155。

4　　盧公明，《中國人的社會生活 (一個美國傳教士的晚清福州見聞錄)》，頁 145-155。

去多少要温和一些但也夠醜陋的。他們與其他形形色色的醜惡嘴臉一道，給人留下揮之不去的噁心感覺。」

總的來說，明代至清代福州驅瘟習俗祭儀，當時文獻已有清晰完整的描繪，在結構内涵上，與臺南當代香科祭儀極為相似，但由人直接所裝扮的神明扈從，則均未出現過「八家將」一詞。

（二）「八家將」一詞最早出現在臺灣

臺灣「八家將」一詞的最初紀錄，可追溯至 1898 年。《臺灣日日新報》1898 年 9 月 13 日〈迎神瑣說〉的報導中，首次具體記述了「八家將」：「**有以人身裝束者，俱係散髮，塗麵粉白，黛綠十色，五花狀，極獰惡；或如靈官，或如夜叉，大約牛頭獄卒之類。服飾皆用五采綾羅，炫奇鬬靡，每八人為一隊，則稱駕前八家將；十人則稱為十家將，分列神轎前，執殳前驅，跳躑傾側，自成步驟。膽怯小兒望而郤走**」。[5] 所以有明確記載「八家將」一詞，最早是出現在臺灣。

此記載中，描繪了參與者將頭髮散開，臉部塗抹以白粉和綠色等多種顏色，構成五花八門、極其獰惡的面容，或扮作靈官，或模仿夜叉，概括為牛頭和獄卒等形象。他們身著五彩斑斕的綾羅服飾，炫耀其奇特與華美。當組成八人一隊時，被稱作「駕前八家將」；若為十人一隊，則稱為「十家將」。他們列於神轎之前，「**執殳前驅，跳躑傾側**」，[6] 以跳躑與傾側之動作，進行前導，形成獨特的步伐，其表

5　〈迎神瑣說〉，版次 03。

6　《漢典》解釋說：「『殳』作爲一種古代兵器，是用竹或木製成，長約一丈二尺，有棱但無刃」。與宋江陣中的丈二槌相似。然而，《臺灣日日新報》記載中的「殳」，可能與當時「八家將」所持兵器的實際名稱樣式有所出入，同時殳的長度約一丈二尺，八人或十人同時執行「執殳前驅，跳躑傾側」等動作，若兵器過長則實際操作可能相當困難。基於此，筆者推測這可能是當時記者對家將陣頭中，所使用道具的誤解或誤記。

演方式生動，令膽小的孩童望之卻步。

（三）臺灣八家將的起源探析

1. 臺灣八家將之創始，應可追溯至福州之民間儀式，其中包含「挑刑具者」（攜帶枷鎖、皮掌、夾棍、拶指等刑具）、「四季將」（扮演春夏秋冬四季，臉部塗抹以綠紅白黑顏色表示）以及「五方鬼」（象徵東西南北及中央五個方位）的傳統要素。[7]

2. 筆者另外發現了一條可能與臺灣八家將起源有關的線索。這主要是因為福州地區的「八將」，具有與臺灣八家將相似的排列和手持扇子的特徵。特別是根據《臺灣日日新報》1898 年 9 月 13 日的〈迎神瑣說〉所述，臺灣八家將「**執殳前驅跳躑傾側自成步驟**」，與福州「八將」的動作，極為相似，這暗示著臺灣八家將可能從「福州八將」中，借鑒了元素並進行了本土化改造。但福州的「八將」與臺灣的八家將，在某些方面也存在明顯差異。例如，名稱與臺灣不同可知二個是不同的陣頭，福州八將的領袖，手持三角棋子來指揮，而福州八將內手持羽扇與臺灣八家將相反。[8] 此外，關於福州八將是否晚於臺灣八家將的出現，或是臺灣八家將傳回中國福州後，才出現類似的組合。但目前均未有相關文獻出現，故尚無定論。因此，福州八將僅在此做一記述，並列為未來繼續探討的課題。

3. 據 1984 年 8 月的考察，民俗學家吳騰達曾赴福州「白龍庵」及其所謂的「古蹟白龍庵」進行實地田調。他發現該廟宇的主持人，均表示未曾有過「八家將」的傳統，從而推斷「八家將」可能是臺南

7　盧公明，《中國人的社會生活（一個美國傳教士的晚清福州見聞錄）》，頁 145-155。

8　福州「八將」的形態動作排列實態，請參閱：fteyln02.「福州陳厝八將 .avi.」YouTube, 2012/06/11, https://www.youtube.com/watch?v=CcAOzGMR-hE.

162

白龍庵的道士們，對福州習俗進行了重新的詮釋與創新。此一觀點，為臺灣八家將起源提供了額外的確證。

4. 進一步的證據顯示，臺灣八家將的形成，應早於 1898 年〈迎神瑣說〉的報導。文中提及「**臺南白龍庵……自該廟廢為倉庫此調久已不彈**」[9] 的紀錄，指向了一個更早的時期，依民俗歷史學者石萬壽的推測，臺南白龍庵在 1821 年至 1850 年間建立，[10] 所以八家將應在白龍庵建廟後至 1898 年，這四、五十年間逐步發展成型。

基於上述分析，筆者推論，臺灣八家將的獨特風格，可能源自清末福州迎五帝驅瘟逐疫儀式中的「挑刑具者」、「四季將」、「五方鬼」；另也有可能來自「福州八將」，這些元素經由福州傳入臺灣後，融合當地文化特色及臺南白龍庵道士的創新，在清末逐漸演化成為具有臺灣特色的「八家將」形態。

三、臺南家將日治時期的發展

（一）白龍庵與西來庵創立概況

1. **白龍庵的創立：** 根據「全臺白龍庵五福大帝如意增壽堂什家將」所載，[11] 臺灣家將信仰源自清末駐臺守軍傳入。當時臺南駐軍飽受疫情之苦，故向五福大帝祈禱以驅疫。師爺夫人患病期間，夢見五福大帝之一張部大帝化身為人，賜藥療病，俾致康復。遂命福州籍士兵迎接五福大帝至臺，並於今臺南市公園路 504 號（舊臺灣鎮總兵

---

9 〈迎神瑣說〉，版次 03。
10 石萬壽，〈家將團－天人合一的巡捕組織〉，《史聯雜誌》第 4 期（臺北：中華民國臺灣史蹟研究中心，1984），頁 2。
11 吳騰達，《全臺白龍庵五福大帝如意增壽堂什家將》（臺南：臺南市文化局，2020），頁 9。

署地）恭奉之。清代白龍庵規模宏偉，廟域分七進：一進為中軍府，二至六進為五福部神各佔殿宇，末進則供奉十二刑部，計有一百零八庵，專祀三司六部、三十六天罡與七十二地煞之眾神。

2. **白龍庵的慶典與祭祀儀式**：根據《安平縣雜記》所載，「**六月，白龍庵送船‧每年由五瘟王爺擇日開堂，為萬民進香**」。[12] 祭典期間，會有王船出海的儀式，「**是日出海，鑼鼓喧天，甚鬧，一年一次**」，以逐疫為目的。

3. **西來庵的創立與發展**：西來庵最初是白龍庵的乩堂，隨著時間的推移，由於香火日益鼎盛。每年舊曆六月間，西來庵與白龍庵均會進行遶境逐疫的儀式，吸引了大量信徒參與。[13] 白龍庵主要由官兵所祭拜，而漳州和泉州移民在臺灣無法方便的祭拜白龍庵的五福大帝，故一般民眾如果想要進行祭拜，則會前往西來庵進行祭拜。

4. **日治初期白龍庵的變遷**：進入日治時期（1898 年），原先的總鎮標署，被改建成日本陸軍經理部廳舍，署衙內的白龍庵，也因此遭到拆毀。神像移入大銃街的元和宮。依據〈迎神瑣說〉（1898/09/13）：「**臺南白龍庵崇祀五靈公向有驅瘟出海之例，俗名之為迎老爺，自該廟廢為倉庫，此調久已不彈，惟亭仔腳西來庵尚沿成例，陰曆六月廿六日為驅瘟出海之期**」，[14] 可知因廟宇被改作倉庫之故，此風俗一度中斷，後續才恢復；而西來庵繼續保持這一驅瘟出海的儀式。

（二）白龍庵和西來庵互動和競爭

12　不著撰人，《安平縣雜記》，《臺灣文獻叢刊》第 52 種（臺北：灣銀行經濟研究室編印，1959），清光緒 23 年采訪（1897），〈風俗現況〉，頁 15。

13　〈西來庵改築〉，《臺灣日日新報》，1912/02/02。

14　〈迎神瑣說〉，版次 03。

依據《臺灣日日新報》1906 年 8 月 15 日的〈臺南大賽神會〉報導：「**舊歷十四五日為臺南西來庵迎神驅瘟之會。十九廿日為白龍庵迎神逐疫之會。**」「**是日鳳山打狗嘉義蔴豆阿猴鹽水港灣裡大目降關帝廟安平並市內居民。及神會中人。擁擠新大路者。有四五萬人。**」[15] 另依據《臺灣日日新報》1914 年 6 月 20 日所載：「**驅瘟逐疫出海兩庵爐下各裝飾故事。爭奇鬥麗。竭盡其誠**」、[16]《臺灣日日新報》1913 年 8 月 4 日的「**迎神盛況 - 臺南市向有白龍庵西來庵兩廟。崇祀五福大帝。例年於舊歷六月間出迎市上。謂將驅瘟逐疫。市民迷信者多。………其盛況駕鯤身王而上。**」[17] 該時期的宗教活動，不僅吸引了四、五萬人參與，而且盛況凌駕鯤身王之上。

此外，文獻紀錄了兩庵在祭典活動中的競爭態勢，特別是在迎神儀式上。《臺灣日日新報》1907 年 7 月 25 日的報導中提到：「**南俗每年六月間。必迎五福大帝神。一曰白龍庵。一曰西來庵。西來庵乃白龍庵之支部也。歷年支部口較本部尤形熱鬧。豈支部比本部之神口更靈哉。……。或打花臉面。名曰八家將十家將。取鄉儺逐疫之意。……本年白龍庵不知緣何故停迎。而西來庵愈窮極奢侈。………故各市街路幾為之塞。聞前一日南北而來之三四幫列車。坐位亦各填滿雲。**」[18] 可見，白龍庵與西來庵的競爭，不僅推動了宗教活動的盛大舉辦，也促進了「八家將」發展的歷程，其中兩廟之間的競賽，助燃了家將祭儀文化的精緻化和規範化。

（三）日治初期家將團體已經相當繁盛

15 〈臺南大賽神會〉，《臺灣日日新報》(明治 39 年)，1906/08/15，版次 05。
16 〈神有盛衰〉，《臺灣日日新報》(大正 3 年)，1914/06/20，版次 06。
17 〈迎神盛況〉，《臺灣日日新報》(大正 2 年)，1913/08/04，版次 04。
18 〈循例迎神〉，《臺灣日日新報》(明治 40 年)，1907/07/25，版次 05。

　　根據《臺灣日日新報》1906 年 8 月 15 日對〈臺南大賽神會〉[19]的報導，家將團體在日治初期已展現其興盛狀態。報導中記述：

西來庵	白龍庵
詩意二十四閣	詩意三十四閣
北管十陣	八家將五陣
馬隊四十餘匹	北管十五陣
	馬隊六十二匹
八家將四陣	蝦蚣棚二十六人
點心桶二百桶	鹹甜點心三百桶
神輿十二輦	神輿大小十輦
紙龍舟一艘	紙龍舟一艘
將爺八員	將爺六員

　　這段文字描繪了白龍庵與西來庵所舉辦的迎神逐疫活動，從中可以窺見當時社會對於宗教活動的熱忱和信仰的深厚。八家將的組織，西來庵擁有四陣，白龍庵則有五陣，顯示家將的結構，已經發展成具備一定規模的組織，五靈公各個部堂家將，在此時已呈現出一定的規制與成形。

（四）日治初期家將展演身形已與現代相似

　　在日治初期的臺灣，家將的表演形式，已呈現出與現代高度相似的特徵。根據 1907 年 7 月 25 日《臺灣日日新報》的報導：「蓋六家將。乃人而儺者而（畫）五色花面。背上有稜。（努）目相視。作抗行狀。殆如易所謂大人虎變乎。各肖其貌。著古衣冠。有袒臂持杖者。手執

19　〈臺南大賽神會〉，版次 05。

干盾飛舞者。有捧鐵錐散髮而行者。其狀貌猙獰無比。直如專制時代之獄吏。刑具纍纍。令人毛髮皆豎。」[20] 這段描述已與當代家將的展演形態大致相符。

特別值得注意的是，在 1850 年至 1898 年間，臺灣家將的步態，被描繪為「執殳前驅跳躑傾側自成步驟」，[21] 而中國福州八將的特點是「行走時羽扇由上向下約 120 度向地面揮動，身體前傾彎腰低頭，跨步前進」，兩者頗為類似。然而，到了 1907 年，《臺灣日日新報》所描述的「手執干盾飛舞者，有捧鐵錐散髮而行者」，這種行進中揚首闊步，盾牌隨身舞動的姿態，顯示出從之前的前傾彎腰走路方式，演變至更加開闊自信的步態。這種轉變與當代家將在步伐上的特徵，頗為接近，顯示出其展演的身形與動作，已經與現代的表演風格幾乎一致。

（五）家將堂號組織的確立

根據《臺灣日日新報》1910 年 7 月 14 日的〈開堂建醮〉記述：「定舊六月一日開堂。其部下神將。則由街民奉請。別設行臺。至期各隨駕出遊雲。」[22] 文中所言的「其下神將由街民奉請，並設立行臺」，這顯示其組織結構已與現代相仿。

進一步的證據，來自於 1907 年 7 月 25 日《臺灣日日新報》的〈品級何多〉報導：「近日臺南市。例會西來庵五福大帝。將屆繞境之時。凡有將爺會。先開堂若官吏然。至於將爺會名。紛紛不一。有曰百和堂。有曰百善堂。獨於某街。有一將爺會。其公館條。大書雷部駕前

20 〈品級何多〉，《臺灣日日新報》(明治 40 年)，1907/07/25，版次 05。
21 〈迎神瑣說〉，版次 03。
22 〈開堂建醮〉，《臺灣日日新報》(明治 43 年)，1910/07/14，版次 04。

六家將。百品堂公館。」[23] 從此紀錄可以觀察到，不同的八家將組織，擁有各自的命名，如百和堂、百善堂以及百品堂等等，展現出組織的多樣性。尤其是在出軍儀式前，這些堂號組織已具備形式，並在公館前豎立「某部駕前家將」，標明隸屬的家將，這些記載凸顯出早期家將組織的規範化和制度化的特徵。

（六）西來庵部堂組織

1910 年 7 月 28 日《臺灣日日新報》的〈迎神雜觀〉報導：**「西來庵原祀趙史鍾劉張五部。後添牛雷王三部計八部」**，[24] 西來庵 1910 年代已有「八部堂」的紀錄；另《臺灣日日新報》1914 年 6 月 20 日「**西來庵則因紅瓦厝莊啓善堂前來合併。更加封號為八大天尊」**，[25] 及由現今西來庵所懸掛的牌匾，也可證明在日治初期 1910 年代已存在五福大帝有「八部堂」，「趙史鍾劉張牛雷王」計八部，而白龍庵則保留了五部堂的傳統。

（七）盛衰更迭變遷

根據《臺灣日日新報》1914 年 6 月 20 日〈神有盛衰〉一文所載：**「臺南市亭仔腳街西來庵。前係鎮頂白龍庵乩堂。崇祀五福大帝。香火頗熾。嗣因與白龍庵爐下不和。遂別樹一幟。每當舊歷六月間。擇日開堂。諸信奉者以神輿奉神像巡遶城內外兩日。然後驅瘟逐疫出海。兩庵爐下各裝飾故事。爭奇鬥麗。竭盡其誠。」**[26] 同時該文紀錄表明：白龍庵則日漸衰落，甚至沒有自己的廟宇，神像不得不被移至別處；

23　品級何多，版次 05。

24　〈迎神雜觀〉，《臺灣日日新報》(明治 43 年)，1910/07/28，版次 04。

25　〈神有盛衰〉，版次 06。

26　〈神有盛衰〉，版次 06。

西來庵則因紅瓦厝莊啓善堂的合併，而更加繁盛。最後，西來庵新廟宇的落成，標誌著其在地位和影響力上的增長，象徵著廟會活動中的盛衰更迭。

（八）西來庵事件家將成員四處的逃難遠走他鄉躲避

1915 年發生的「西來庵事件」，在臺灣日治時期標誌著一次規模浩大的武裝抗日運動，這也是臺灣人首次大規模的利用宗教勢力來進行反抗。事件結果導致高達 1957 名臺灣民眾遭到逮捕，其中 1482 人遭到起訴，915 人被判處極刑，實際上有 135 人遭到處決，並有接近 300 人於獄中逝世。[27]

《臺灣日日新報》於 1915 年 9 月 28 日發表〈處置西來庵〉一文：**「臺南市亭仔腳西來庵。者番因諸匪徒等。謀為不軌。假藉該廟神靈。矯造神勒神符。以誘惑迷信之徒。且藉為陰謀議會之所。當局認為陰謀老巢。……。經已議妥。遷燬之期大約當在此一兩星期間也。」**[28]於是，廟宇被摧毀，包括神像在內的物品，被焚毀或遷移。[29]此事件不僅對臺南府城的八家將，造成了嚴重衝擊，削弱了其勢力，也迫使八家將的成員逃散避難，但卻也進而加速了八家將文化在臺灣南部以外的南北地區傳播與擴散。

（九）各部將團由民間將團來承接

---

27 康豹，〈研究資料整理〉，中央研究院近代史研究所，2022/08/01。
　　網　址：https://web.archive.org/web/20210413234301/http://thcts.ascc.net/themes/
　　rd101-0.php(https://web.archive.org。

28 〈處置西來庵〉，《臺灣日日新報》(大正 4 年)，1915/09/28，版次 06。

29 關於神像焚毀一事，據王捷「臺南報導」〈關於神像焚毀一事〉(《自由時報》，2019/12/21)。
　　「日治時期的西來庵事件，日本人當時打算將廟裡的神像火化，不過當時信眾連夜搶救 8 尊神像，託付現在的竹溪寺中，西來庵財團法人董事長曾正義說，70 多年前西來庵重建，他的父親曾向竹溪寺要求，將神像短暫返還讓信眾祭拜，但父親事後又將神像送回去竹溪寺，現在竹溪寺將神像作為文物保藏，如今已不再供奉。」

　　隨著臺灣進入日治時代，五靈公的家將傳統亦見變遷。一開始，福州流兵與大銃街的居民，共同承擔五靈公駕前家將的角色，劃分為「張部堂如意」、「鍾部堂如善」、「劉部堂如良」、「史部堂如順」、「趙部堂如性」等。然而，隨著時光推移，福州流兵與大銃街的居民，人力逐漸短缺。[30]1937 年，元和宮與其他宮廟、地方仕紳達成共識，各自支持一位主公，從而各部將團獲得了民間的承接。除「如意增壽堂」由白龍庵繼承外，其餘各部家將由府城地區民間的將堂接手，這些家將團隨主公出巡，而非固定駐守於支援宮廟。但至今，仍有誤解認為「五如家將團由宮廟管理」，實則宮廟僅是扶持五靈公，家將團隨主公行動，各部將團的經費與所需，由相關宮廟提供。[31]

　　至於西來庵部分，早期亦設立五個家將館以侍奉其主公，由於西來庵以劉宣靈公為主尊，故「吉聖堂公館」設於西來庵本廟。其他四部家將團：吉龍堂、吉虎堂、吉原堂、吉春堂等則另在外設館。現今，除了吉聖堂仍附屬於西來庵外，其他四堂因經濟及人事因素多已閉館。儘管如此，各部堂在日治時期已在臺南乃至其他縣市廣泛傳播了。[32]

四、從府城到臺南各地區家將團的傳衍分佈

30　因福州流兵與大銃街的居民，人力逐漸短缺，可能造成當時五柱將堂的裝備，全集中於一個堂口統一保管使用以及出陣，因此現今如意增壽堂雖為張部顯靈公，但大爺魚枷上寫有「橫山趙部堂」、二爺方牌上寫有「趙部堂合會平安」。這個問題目前尚無法釐清，惟列為日後繼續探討的課題。

31　「1937 年起，各部將團的承接工作，逐漸轉由民間接管」，這一變化是根據「開基范司堂」堂主張文良（2022/07/24）與「如性慈敬堂」堂主柯錫斌（2022/04/18）等兩個堂主訪談所獲得的結論。

32　訪談西來庵吉聖堂館主楊耀成，2022/02/18 訪談資料。

現今臺南各地區正常運作將團共有 56 團，數量與分布情形如下圖所示：[33]

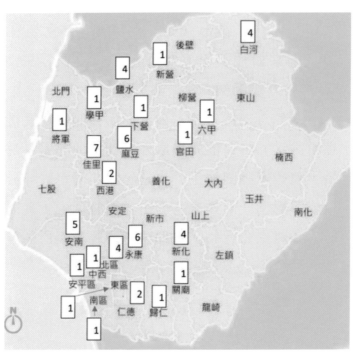

臺南各區家將現況仍正常活動者者分布圖
（僅標註現況仍正常活動者，暫停、瀕危、解散不列入計算）

（一）原臺南市區：臺南市舊區的家將衍派，主要源自白龍庵及西來庵兩大脈絡，另開基范司堂也有傳衍數陣。白龍庵增壽堂傳統是不允許外傳的，該堂規僅為主神五福大帝所役使，惟白龍庵如意增壽堂的導師與面師，仍然可以外出訓練或擔顧問或襄助其他什家將會館成立。[34] 而現今白龍庵增壽堂正式承認的堂外傳承有三間：嘉邑慈濟宮如意振裕堂、高雄茄萣清德堂、屏東東港共善堂等。[35]

33　蔡宗信、吳騰達、王建臺、王淑賢、陳冠廷、蔡沂蓁、陳以倫，〈臺南市家將類陣頭普查暨保存維護計畫成果報告〉（執行單位：國立臺南大學，委託單位：臺南市文化資產管理處，2022），頁 777、779。

34　葉鎮嘉，《臺南市佳里區吉和堂八家將研究》（國立臺南大學國語文學系中國文學碩士在職專班，2018），頁 81。

35　訪談「白龍庵如意增壽堂什家將」王炳元（現任元和宮主委），2022/08/07 訪談資料。

另一端，西來庵於早期便開放允許其他地區奉請家將，以出軍護駕的形式參與宗教活動。西來庵事件發生後，為避免連累，部分成員選擇遠離故土，其文化和技藝由此南傳北衍，遍及全國。[36]

關於范司堂與白龍庵家將的聯繫，范司堂本身不屬於白龍庵原始五部衍派之一，而是一個早已成立的民間將團。在日治時期白龍庵舉行「迎五部」祭典時，「開基范司堂」受邀協助出軍，會暫時疊名冠上「白龍庵如善范司堂」之名，但其根源可能並非源於白龍庵的家將系統。[37]「如性慈敬堂」的情況也相似。[38]

（二）**大新營區**：鹽水區有四團八家將，其中最早可追溯至1973年，當時為配合鹽水護庇宮的大慶典所需而組成的「振義堂八家將」。該團因接受嘉義振裕堂的指導而成立，因此彼此均隸屬於「振」字系的家將團。[39]因此鹽水地區的家將來源，可追溯至臺南市舊區白龍庵的如意增壽堂，其傳衍至嘉義形成嘉義白龍庵振字衍派，而後這一衍派又傳回鹽水，演化成鹽水振字衍派。

另西來庵吉聖堂的盧永吉和梁能，受嘉義城隍廟之邀，於日治時期北上，於嘉義城隍廟傳授家將步法、陣式、面譜等，並成立「吉勝堂」。[40]白河地區家將的傳承，源自於嘉義城隍廟的吉勝堂什家將，因此各團多採用「吉」字為名，並均為什家將之組成。白河佛聖壇、吉蓮堂、吉良堂等，早期均為福安宮吉妙堂的分支，它們在出

36 訪談「西來庵吉聖堂」館主楊耀成，2022/02/18 訪談資料。
37 訪談「開基范司堂八家將」堂主張文良及執事張惟喬，2022/07/24 訪談資料。
38 訪談「如性慈敬堂八家將」堂主柯錫斌及團長柯煜傑，2022/04/18 訪談資料。
39 訪談「月港振義堂八家將」堂主吳錦信，2021/11/25 訪談資料。
40 溫宗翰，張耘書，〈嘉義市家將文化調查研究及保存維護計畫〉，頁 13-16。

陣時亦能相互提供支援，[41] 因此白河地區是由臺南市舊區西來庵衍派至嘉義城隍廟吉勝堂，發展成嘉義吉字衍派後再傳回白河，形成白河吉字衍派。

（三）大曾文區：麻豆地區最早成立家將團的是北極殿，麻豆地藏庵的乩童李進發，至北極殿上帝廟學了家將後，用的是嘉義城隍廟吉勝堂什家將的堂號，所以麻豆地區屬西來庵「吉」字派系統。[42] 因此，麻豆地區的家將，是由臺南西來庵傳至嘉邑北嶽殿共義堂、嘉義城隍廟吉勝堂什家將之後，再傳回麻豆，俗稱為「麻豆將」。

（四）大北門區：吳騰達於 2000 年 5 月因學術研究需要，多次訪問吉和堂並與黃水波交流。黃水波透露他指導過的家將團，包括：佛天宮吉安堂（1965）、六安宮吉進堂（1975）、砂崙腳清聖宮（1967）、將軍漚汪吉慶堂（1974）以及南天忠義堂（1982）等。至於佳里鎮山宮、西港吉善堂及高雄地獄殿則是由他的兄長林木所指導。關於吉和堂的創立年份，雖然缺乏確切記錄，但根據黃水波的回憶與推敲，最終推斷其可能成立於 1911 年。此一結論後被紀錄於國立傳統藝術中心的《八家將調查研究報告》，並為學界廣泛引用。[43] 所以佳里、西港地區的家將，是直接由臺南市舊區將團傳衍過去，形成所謂的「佳里吉字衍派」。

（五）大新化區：在訪談二王廟敬和堂八家將時團主表示，「**在 1968 年建醮而成立八家將，最早是新化的老師傅『惡骨』來教**」。[44]

41　白河地區吉字衍派係依據吳騰達提供之田野調查資料，2022/10/21。

42　訪談「麻豆地藏庵八家將」李易崇（創辦人李進發兒子，現任地藏庵主持），2022/10/23 訪談資料。

43　佳里吉字衍派係依據吳騰達提供之田野調查資料得出的結論，2022/10/21。

44　訪談「二王廟敬和堂八家將」李案子（二王廟創設人李文奇後人），2022/03/12 日訪談資料。

而在西來庵廟中先輩圖有記載「林惡骨」其人。因此筆者推斷新化最早的將團新化護安宮，是屬於西來庵衍派，顯見新化地區的家將，是直接源自臺南市舊區西來庵的衍脈。

　　（六）大新豐區：永康與歸仁地區的家將衍派，源於臺南市舊市區，經鳳山、旗山傳播，後由旗山反傳至永康、歸仁一帶，形成「旗山將」衍派，其家將館大多供奉家將頭「雷部主宰」，有「關家將儀式」、家將後方跟隨一面黑旗（稱為黑旗大神）一同出軍。

　　總觀而言，臺南舊市區主要為白龍庵、西來庵衍脈傳衍，並直接傳至臺南佳里、西港、新化等地。而傳至外縣市部分：北上傳至嘉義地區的家將，又反傳回鹽水、新營、麻豆地區，而南下傳至鳳山又經旗山反傳至歸仁、大灣、永康一帶。

五、結語

　　本研究追溯了福州五帝信仰與驅瘟逐疫習俗的源流，並透過文獻資料與臺灣現行香科祭儀的對照分析，發現兩者在祭儀形式上，存有顯著的相似性。但值得注意的是，在中國的相關紀錄中，均未發現「八家將」此一名稱；直至 1898 年，該詞彙才於《臺灣日日新報》中首次出現。進一步分析表明，臺灣的「八家將」可能是借鑒了清末福州迎五帝驅瘟逐疫儀式中「四季將」、「五方鬼」以及「福州八將」等元素，這些元素在傳入臺灣後，融合當地文化特色及臺南白龍庵道士的創新，在清末期間逐漸演化成具有鮮明臺灣特色的「八家將」形態。

　　白龍庵對五福大帝的崇拜，源自清末駐軍期間的瘟疫，日治初期

白龍庵與西來庵五靈公驅瘟除疫廟會活動，已吸引數萬人群，其規模相當龐大。家將的陣容，在西來庵為四陣，在白龍庵則有五陣，同時再出軍的公館前豎立「某部駕前家將」，標明隸屬的家將，這些堂號組織與出軍儀式，已具備家將組織的規範化和制度化形式；次之，家將打扮、展演動作的發展，已與現代相似，因此在日治初期家將各方面已經呈現出成熟的規範制度化。至 1915 年「西來庵事件」是臺灣反抗日治的一大標誌，該事件導致家將活動重創。然而，此事件亦非終結，成員逃散後，家將文化反而得以南傳北衍至臺灣各地區。

　　總結而論，臺南市舊區家將團的衍派，多源自於白龍庵與西來庵兩大宗脈，另開基范司堂等也有數陣的衍生。佳里西港的家將傳統，可能直接承繼自臺南市舊區，進而形塑出佳里「吉字衍派」。新化地區的家將，則源自西來庵的傳統。其他地區家將的傳衍，呈現了北衍南傳的及回流衍生模式，特別顯著的是鹽水地區的家將，其由白龍庵如意增壽堂北傳至嘉義形成「振字衍派」，再回傳到鹽水；而白河的家將，則是由西來庵經嘉義城隍廟吉勝堂北上傳播，形成「吉字衍派」，後回傳白河。麻豆地區的家將，則是經西來庵至嘉義北嶽殿共義堂的北上傳承後，再返回傳麻豆，俗稱「麻豆將」。值得注意的是，臺南市舊區家將的傳統，南下至鳳山旗山，孕育出「旗山將」衍派，隨後又逆流北上至永康、歸仁等地，此一衍生與回傳的模式，為臺南地區家將團的文化傳承，增添了豐富的地域性特色。

【參考資料】（略）

嘉南空間巧合：八田與一的官田戶籍成為嘉南塾校址？

莊曉明 *

* 　臺北市吉林國小教師

一、前言

　　從一份日治時期戶籍謄本，無意間探索出一條筆者的祖父與八田與一曾經交集的空間巧合，兩人並不相識，也都是來自外地的異鄉人，卻先後有駐足同一場域的空間記憶。

　　筆者的祖父莊相如（1916-1946）這一生的生命軸線非常短暫，其所留下的痕跡更是稀少，家族至今只保留兩張他的相片，與幾件他在臺南刑務所擔任作業教手時，留下的木工作品。他的人生就在 30 歲那年，因飽受肺結核菌侵擾而畫下休止符。由於祖母並不識字，祖父離世時，四個孩子分別才 9 歲、6 歲、3 歲，最小的女兒才出生 3 個月，所以對於他過去的一切，孩子們幾乎是陌生的。筆者是在家父以及其手足相繼離世後，才興起要探詢祖父過往事蹟的念頭，於是就在筆者前往戶政單位申請調閱祖父莊相如日治時期的戶籍資料時，赫然發現有一筆祖父曾經寄留在「臺南州曾文郡官田庄烏山頭百四十五番地」的資料，乃興起筆者的好奇心，由於祖父原籍為臺南學甲，是靠海的鹽分地帶子民，怎麼會突然寄居到靠近山邊的官田呢？實在百思不得其解，於是趕緊詢問其他尚猶健在的長輩，幸好祖母的大弟郭萬生雖然當時年歲已達 90 高齡，但是意識仍舊清楚，他告知筆者關於莊相如曾經就讀「臺南州立農業國民學校嘉南塾」（以下簡稱嘉南塾）一事，這無疑是拾起踏查線索的關鍵敲門磚。

　　於是筆者爬梳多筆史料，終於找到《臺南州立農業國民學校嘉南塾要覽》，裡面清楚記錄莊相如是第二期畢業生，[1] 初步解開他為何

1　樋口孝，《臺南州立農業國民學校嘉南塾要覽》（臺南：臺南州立農業國民學校嘉南塾，1939），頁 22。

莊相如原籍臺南學甲戶籍。

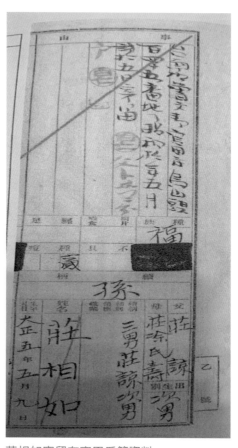

莊相如寄留在官田戶籍資料。

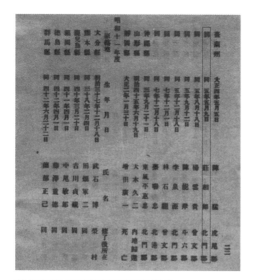

莊相如是嘉南塾第二期畢業生。

莊相如照片。

會寄籍在官田之謎。

　　筆者原本只是想整理一份祖父莊相如生命過往記錄，包括目前官方可以蒐集到的資料，從他日治時期寄籍烏山頭到結婚、分家後的戶籍謄本，到最後任職臺南刑務時期所記載的職員錄檔案，將其統整彙編後供家族子孫日後可以探索根源，卻在不經意之際發現：嘉南塾校址與嘉南大圳設計者八田與一技師位於官田的戶籍竟是同一處，認為可以探究兩者間的關聯性，才興起研究之念頭，但畢竟筆者非專業文史專家學者，從發想、找尋佐證資料到最後定稿，歷經兩年之久。在此只是野人獻曝，先做初步的探索，以達拋磚引玉之效，更期待透過此調查未來可以挖掘出更多新史料，包括有先人就讀嘉南塾者，若有保留相關入學通知、畢業證書、照片…等，有機會讓史料可以重現，期盼日治時期嘉南塾的原貌可以更真實呈現。

二、臺南州立農業國民學校嘉南塾成立背景

　　1922 年發布新臺灣教育令以後，殖民政府開始規劃完整的臺灣學校體系，基本上針對臺灣人的教育，仍以普及初等教育以及推廣實業教育為重心。初等教育主要培養勤勞、服從、健康及具有基本讀寫算能力的底層人民；實業教育則是希望能訓練殖民地人民，成為熟練的基層技術人員。1922 年以後，實業教育體系主要分成實業學校及實業補習學校。實業補習學校是一種簡易的實業學校。日治時期的實業學校，在學制上屬於正規的中等職業教育機關，實業補習學校的彈性較大，可以由州（廳）設立，也可以由市街庄或市街庄組合（數個市街庄合辦之意）來辦理，甚至也有私立的實業補習學校；入學資格為小、公學校畢業，修業年限為二年，得延長一年，多以「補習學校」、「專

修學校」或「家政女學校」為名，農業補習學校初創時多為二年（實際也有一年），商工業補習學校及家政女學校則多為三年。[2]

立基於培養實業教育人才背景下，臺南州立農業國民學校嘉南塾於日昭和 9 年（1934）4 月 1 日，依臺灣總督府令第 73 號在「臺南州曾文郡官田庄烏山頭一四五番地」設立。[3] 此為日治時期的特殊教育設施，目的是為了培育現在或將來從事農業的青年，使其具備皇國農民的信念，並強化學生的國體觀念與敬神思想，以做為未來農村的中心人物。[4]

由於公學校就學率成長緩慢，在 1930 年代中期之前，臺灣的實業補習學校並不發達，就學人數也有限。據許佩賢研究指出：日昭和 9 年（1934）年，臺灣實業補習學校數 35 所，學生 2472 人。男生 2191 人中，內地人（日籍）僅 207 人，本島人（臺籍）有 1879 人，另有原住民 105 人；女生內地人 169 人，本島人 112 人，此時的實業補習學校，主要是臺灣人男子的升學機關，由學校的類別來看，以農業補習學校最多，嘉南塾正屬於此類學校。[5] 關於嘉南塾第一屆的招生與考試相關規定，筆者從《臺南新報》找到以下資訊：

> ……今回新成立之臺南州立農業國民學校嘉南塾，預定四月開校，其第一期生，據下記要項而募集云。
> 要項：
> 一、募集人員二十名

2　　許佩賢，〈日治時期臺灣的實業補習學校〉《師大臺灣史學報》第 6 期，（臺北：國立臺灣師範大學臺史所，2013 年 12 月），頁 103。

3　　樋口孝，《臺南州立農業國民學校嘉南塾要覽》，頁 1。「臺南州曾文郡官田庄烏山頭一四五番地」有的版本寫成「臺南州曾文郡官田庄烏山頭百四五番地」，但兩者其實是同一處。

4　　樋口孝，《臺南州立農業國民學校嘉南塾要覽》，頁 4。

5　　許佩賢，〈日治時期臺灣的實業補習學校〉，頁 109。

二、志願者資格

品行方正身體健全，現從事於農業將來亦從事農業者，又現在不從事於農業將來必於農業從事之獨身男子，下記各號之一該當者，但對特別有事情者就年齡學歷多少斟酌之。

子、　高等小學校卒業年齡滿十八歲以上，滿二十五歲以下者。

丑、　公學校高等科卒業年齡滿十八歲以上，滿二十五歲以下者。

寅、現在學校在學者，昭和九年三月於前記（子丑）該當之者。卯、與高等小學校又公學校高等科卒業者，同等以上之學力，年齡滿十八歲以上，滿二十五歲以下之者。

三、出願手續[6]

（一）入學志願者下記(1)(2)之書類彙齊，經由出身學校並所轄郡役所，於昭和九年三月二十五日能送到臺南州者。

（1）入學願履歷書

（2）在內地人用戶籍抄本，本島人用戶口調查簿抄本。

（二）各出身學校長之卒業成績並人物性行調查，記述之證明與願書，同封為親展文書，經由郡市役所，以至三月二十五日能送到臺南州，致　臺南州內務部長。

四、入學選拔法

對入學志願者學力考查，據答並施行口頭試問及身體檢查，參酌各出身學校長之成績證明書，以決入學之許否。

學力考，就下記科目而行：

國語（講讀、作文）、算術。

五、考查場並考查期日

於臺南州廳會議室三月三十日午前八時起

六、修業年限滿一年

七、寄宿舍本塾之生徒，總寄宿舍。

八、學資

6　是指報考學校時，按校方要求提交相關資料、證明的一系列手續。

學資年額
食費、學用品費、被服費、視察旅費、雜貨約百五十
圓，中金九十四圓為學資，補助由州給興之。
九、入學願其他之用紙，各郡市役所有之。[7]

　　由上述可知莊相如至少有完成公學校高等科學歷後，才能繼續往
實業教育體系升學，再者透過入學資格的要求了解到：嘉南塾從籌備
到成立完全由臺南州廳統籌規劃，報考者的送件資料最後送達至臺南
州內務部長，審查過後符合資格者，還要經由國語（講讀、作文）、
算術等考科試驗通過，才能順利就讀。第一任塾長直接由內務部長川
村直岡擔任而非指派其他學校教育人員就任，說明臺南州廳對於嘉南
塾設立甚是重視。

　　關於嘉南塾第一屆入塾招生測驗狀況，根據《臺南新報》刊登報
導內容可以約略了解：**「新設臺南市嘉南塾之入塾試驗，三十日午前
八時起，假州會議室施行之，受驗者採用預定數二十名，多至五十一
名之應試者也。」**[8] 當時錄取率約 39%，入學生共 20 名，本島人（臺
籍）有 10 名，內地人（日籍）有 10 名，臺籍與日籍學生錄取率各佔
一半；但到了第二屆入學生共 20 名，本島人有 8 名，內地人有 12 名，
臺籍學生錄取率明顯低於日籍生，莊相如剛好是第二屆臺籍錄取生之
一，其詳細錄取名單如下表：[9]

7　〈州立農業國民學校 嘉南塾募集塾生 以日本精神為基調 實施實踐的教育〉,《臺南新報》,版 8,
　　（臺南：臺南新報社，1934/03/13）。
8　〈嘉南塾 入塾試驗 受驗者多數〉,《臺南新報》,版 4, （臺南：臺南新報社，1934/03/31）。
9　樋口孝,《臺南州立農業國民學校嘉南塾要覽》,頁 20-22。

【表1】嘉南塾第一、二屆入學生合格名單

籍別	本島人（臺籍）	內地人（日籍）
第一屆入學生合格名單	楊政賢、陳琴、邱焜煌、陳焜模、王碧蕉、劉茂山、蔡瀆、李天賞、鄭徹、蔡爾茂	須山重男、內田甫、秋山一夫、○川義隆、○川清俊、○部時雄、那賀三平、荻原則祥、相德和風、益村三郎
第二屆入學生合格名單	王炎宗、陳錳、莊相如、楊雲貴、陳能岸、李泉源、林石龍、蔡聯忠、曾文經（畢業名單無此人）	菊池善二郎、佐藤康藏、檜垣一男、保屋野秀治、佐藤文三、齊藤通、佐藤達雄（入學合格名單無此人，但畢業名單確有此人）、酒井二郎、村上良、東風平惠忠、大木久二、增田廣一（入學合格名單無此人，但畢業名單確有此人）、鈴木重（畢業名單無此人）、長洲伍（畢業名單無此人）

　　嘉南塾學子的修業年限為一年，學年從當年 4 月 1 日開始，翌年 3 月 31 日結束（但筆者從《臺南州立農業國民學校嘉南塾要覽》發現第一到第五屆入學式都不是從 4 月 1 日開始，常常遲至 5 月甚至第四屆到 6 月才開學），學習科目以及每周授課時數如下表 2、表 3：

【表2】嘉南塾學生學習課程與授課時數統計[10]

教科目	課程	每週教課時數
修身公民	皇國精神、農村公民心得	二
國語	講讀、作文	二
算術	算術、珠算	一
地理歷史	一般	二
農業	農業綱要	六
武道及體操		二
農業實習		三十五以上
課外講話		隨時
視察旅行		
總計		五十以上

10　樋口孝，《臺南州立農業國民學校嘉南塾要覽》，頁6。

【表3】嘉南塾學生每日行事表 [11]

時間	行事	內容
05:30	起床	大麻奉拜、掃除
06:30	升旗式	武道（神道夢想流杖術）
07:00	早餐	朗誦食事五觀
08:00-10:00	學科	
10:30-12:00	作業	
12:00-14:00	中餐	含休息兩小時
14:00	作業	作業至日落
日落	降旗式	晚餐、入浴
20:00-22:00	默習	
22:30	靜坐	遙拜、就寢

日昭和9年（1934）5月5日第一期生舉行入塾式（始業式），日昭和10年（1935）4月26日，舉行第一期修了式（畢業式）；日昭和10年（1935）5月20日舉行第二期生入塾式，日昭和11年（1936）3月31日第二期生畢業，日昭和11年（1936）5月10日原位於官田的嘉南塾校址，為配合新虎尾溪南岸的開墾與移民村榮村設立，隨即遷移至臺南州斗六郡莿桐庄（即今日雲林莿桐國中）。[12]

從第三屆、第四屆嘉南塾畢業生名單發現，學生清一色為內地人（日籍），根據他們畢業後選擇居住所在地判斷，除了第三屆有一名學生返回日本外，其餘20名畢業生都定居榮村；第四屆畢業生有16名選擇定居此移民村（另外兩名在接受徵召中，一名選擇定居豐里村，該屆畢業生只有19名），讓榮村儼然成為嘉南塾的校友村，甚至1936年8月與11月，臺灣總督中川健藏與小林躋造都還分別親自前來巡視已經遷移至斗六郡的嘉南塾，顯示統治階層對這間學校頗為重視。[13]

11　樋口孝，《臺南州立農業國民學校嘉南塾要覽》，頁12-13。

12　樋口孝，《臺南州立農業國民學校嘉南塾要覽》，頁1。

13　樋口孝，《臺南州立農業國民學校嘉南塾要覽》，頁20–24。

三、嘉南塾校址與八田與一的官田戶籍地相同

莊相如是日昭和 10 年（1935）5 月 25 日將戶籍寄留於「臺南州曾文郡官田庄烏山頭百四十五番地」，剛好是嘉南塾第二期入塾（開學）典禮後才遷轉，根據《臺南州立農業國民學校嘉南塾要覽》所述，學生當時皆須住宿，由此推斷：外地生因寄宿之故，需要將戶籍寄留在嘉南塾當時位於官田的地址。

筆者是在查詢「臺南州曾文郡官田庄烏山頭百四十五番地」這個地址可能位於現今何處時，無意間發現八田與一當年設籍在官田的戶籍，竟與嘉南塾是同一個地址，這個陰錯陽差的巧合，全因日治時期戶籍登記的嚴謹制度，得以將每個人過往的戶籍軌跡歸檔。

根據「臺南市官田區戶政事務所日據時代住所番地與現行行政區域對照表」得知（表 4），嘉南塾校址相當於今日的臺南市官田區嘉南里一帶，也就是在目前的「八田與一紀念園區」附近。

【表 4】臺南市官田區戶政事務所日據時代住所番地與現行行政區域對照表 [14]

臺南市官田區戶政事務所日據時代住所番地與現行行政區域對照表								
日據時期住所番地						現行行政區域		
州（廳）	郡（堡）	庄（街）	字（町）	土名	番地起迄	鄉鎮市區	村里	備註
臺南洲	曾文郡	官田庄	官田		132-636	官田區	官田里	
臺南洲	曾文郡	官田庄	中脇		16-226	官田區	官田里	
臺南洲	曾文郡	官田庄	二鎮		295-337	官田區	二鎮里	
臺南洲	曾文郡	官田庄	角秀		2-129	官田區	二鎮里	
臺南洲	曾文郡	官田庄	廳太		318-321	官田區	二鎮里	85.1.15 整編為程泰

14　臺南市官田區戶政事務所日據時代住所番地與現行行政區域對照表
（網站：chrome-extension://efaidnbmnnnibpcajpcglclefindmkaj/https://www.ris.gov.
tw/documents/data/8/1/b55589cb-fc89-
47cc-b150-9f372062cd17.pdf）

臺南市官田區戶政事務所日據時代住所番地與現行行政區域對照表							
臺南洲	曾文郡	官田庄	烏山頭		118-144	官田區	湖山里
臺南洲	曾文郡	官田庄	烏山頭		176-377	官田區	湖山里
臺南洲	曾文郡	官田庄	烏山頭	三腳埤	145-154	官田區	嘉南里

八田與一在日大正 11 年（1922）擔任烏山頭出張所所長時，宿舍剛好竣工，隨即遷入住宿，[15] 此時把戶籍遷到官田，依照筆者於 2023 年 8 月 12 日前往臺南官田慈聖宮「八田與一紀念室」查詢到的資料顯示：八田當時寄留的戶籍地，也是寫「臺南州曾文郡官田庄烏山頭百四十五番地」，而八田與一在日昭和 5 年（1930）4 月嘉南大圳通水啟用後，就遷回臺北居住。[16]

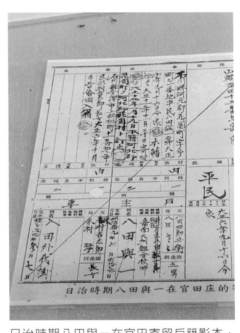

日治時期八田與一在官田寄留戶籍影本，攝於臺南官田慈聖宮。

關於八田與一的官田戶籍地址，為何後來成為嘉南塾校址，從文獻找到幾筆關鍵資料：

因為長期住在土地缺水、不能耕作的地方，有人不知道農業也不足為奇。因此，組合（協會）的職員，尤其是水利方面的技師和 116 所灌溉監視所的監視員、55 所水利監視所職員，不得不對為數超過十萬人的農民加以指導，依照三年輪作的農業，並指導及監督土地改良、水路補修、農道設置、灌溉計畫

15　陳正美，《嘉南大圳與八田與一》（臺南：臺南市政府文化局，2011），頁 165。
16　陳正美，《嘉南大圳與八田與一》，頁 170。

水量調整，實行小組合（協會）的管理等等。這些紮紮實實的，需要耐心的努力，持續了三年，終於開花結果。[17]

筆者從古川勝三所撰寫的《嘉南大圳之父——八田與一傳》上述內容以及綜合所有資料推論：八田與一在官田的戶籍地址，後來成為嘉南塾第一至二期辦學的場所，選擇在此興學，應是嘉南大圳以及烏山頭水庫已完成，貧瘠的農田因為水利設施改善可以廣為耕種，然而組合協會職員人數有限，所以需要培訓更專業農業人才，未來進入農村指導農民技術和如何提升農作量讓產值變高。此外，當初為了方便蓋烏山頭堰堤工程的員工及其眷屬需要，八田與一在此處興建員工眷舍，以及學校、倉庫、火車修護站、變電所、日用品販賣店，公共浴室乃至種種娛樂設施，讓烏山頭成為一個生活機能健全的小鄉村。在烏山頭水庫完工後，工作人員陸續離開此地，原有的硬體居住設備閒置，種種機緣促成嘉南塾有機會成立，但要決定在嘉南大圳旁物色辦學場所的空間，甚至運用這裡的既有硬體設備興學，是要擁有絕對權力者才能將此計畫具體實施，我們可以從《臺南新報》窺知：

> 17日午後一時起開於州廳食堂，出席者則有川村內務部長、荒池土木、藤黑水利、細井地方、伊藤教育、林文書各科長，押見、三浦、梅澤、三宅、今後、伊豆各技師、手島農會主事、長谷川地方係長、鈴木、堀之內兩視學、山根嘉南大圳烏山頭支所長、中村同會計係長出席。該塾則利用嘉南大圳烏山頭俱樂部。實習地借用同所貯水池西側大圳所有池十三甲，其他種種具體的磋商。三時二十分終畢，散會。[18]

17　古川勝三著，陳榮周譯，《嘉南大圳之父—八田與一傳》（臺北：前衛出版社，2011），頁211-212。

18　〈臺南州立農業國民學校烏山頭嘉南塾創立〉，《臺南新報》，版4，（臺南：臺南新報社，1934/01/18）。

　　　　本年新設之臺南州嘉南塾之用地決定，二日伊藤教育課
　　　長、堀之內視學、押見技師一泊嘉南大圳土地，係等赴烏山頭
　　　調查實地，結局則以烏山頭大堰堤之周圍二十甲為實習地而指
　　　定，該土地係看天田地帶將翻掘田地而使用之，校舍目下已築
　　　矣，至十四、十五日按能完成，同時亦可開校，尚教員則以樋
　　　口。……極遲二十五日頃，必舉行開校式。校舍其他則以烏山
　　　頭嘉南大圳組合之元（原）俱樂部及購買所建築物而利用之。
　　　實習地十五甲，業已選畢也。[19]

　　綜觀上述內容，大致可以繪出嘉南塾成立的梗概，在籌備會議紀
錄裡清楚指出：出席當天會議者皆是臺南州廳各課處首長，甚至有嘉
南大圳烏山頭支所長，當局欲利用嘉南大圳烏山頭俱樂部現成的硬體
設施，以及購置所內建築物，以便能在短期內迅速成立嘉南塾學校，
這也間接說明為何八田與一在官田的戶籍地址，與嘉南塾校址是同
一處原因。

　　日昭和 7 年（1932）臺灣總督任命臺南州內務部長川村直岡就任
公共埤圳嘉南大圳組合理事，日昭和 9 年（1934）川村直岡辭職理事，
並於日昭和 9 年（1934）4 月 30 日至 9 月 3 日擔任嘉南塾的第一任塾
長，[20] 同年臺灣總督改派任臺南州內務部長林田正治就任公共埤圳嘉南
大圳組合理事，一直到日昭和 11 年（1936）林田正治才辭去此職務。[21]

19　〈臺南州之可誇者 農業國民學校嘉南塾 無可比類之獨創的實際教育 從事農業之大福音〉，《臺
　　南新報》，版 4，（臺南：臺南新報社，1934/04/17）。

20　樋口孝，《臺南州立農業國民學校嘉南塾要覽》，頁 1。根據《臺南州立農業國民學校嘉南塾
　　要覽》，頁 1，指出：「**日昭和 9 年（1934）4 月 30 日臺南州內務部長川村直岡塾長就任。**」
　　另外《**臺南新報》1934/05/13 報導指出：「川村臺南州內務部長十二日午後起，赴烏山頭
　　嘉南塾為視察同塾設施物等，同夜同塾，與塾生共為寢食云。**」〈川村部長赴嘉南塾〉，《臺南
　　新報》，版 12，（臺南：臺南新報社，1934/05/13），由此判斷川村直岡是兼任嘉南塾長，
　　並非專任。

21　陳正美，《嘉南大圳與八田與一》，頁 172、173、175。

但早在日昭和 9 年（1934）9 月 3 日，林田正治就已擔任嘉南塾的第二任塾長，直至日昭和 11 年（1936）10 月 16 日才退任塾長。[22]

　　從嘉南塾這兩任塾長的背景觀之，第一任塾長川村直岡在到嘉南塾就任前，曾在公共埤圳嘉南大圳組合擔任理事，甚至從第一任嘉南塾長退任後，在日昭和 11 年（1936）10 月 19 日至日昭和 14 年（1939）12 月 27 日這段期間，又被臺灣總督任命為臺南州知事並兼任公共埤圳嘉南大圳組合管理者；[23] 林田正治在擔任第二任塾長期間，還身兼公共埤圳嘉南大圳組合理事。由此顯見，嘉南塾的成立，與公共埤圳嘉南大圳組合以及臺南州廳官方，是有某種程度上的人事關聯，也因這層關係，讓嘉南塾從籌備到正式成立，只花短短三個月就能完成。

　　嘉南塾初期的師資雖然只有兩名，但都有相關農業學經歷背景，一位是嘉義農林學校校長樋口孝，另一位特地從日本內地延聘出身福岡農士學校的越智綱義，從《臺南新報》了解這段尋覓師資的謹慎過程：「**臺南州立農業國民學校嘉南塾之職員，曩來正物色中，今已決定多年為嘉義農林學校長之樋口氏為學監，決定就任，更以福岡農士學校之斯界權威者越智綱義氏為教導，交涉終畢，急速渡臺而就任，二十日朝已抵任云。**」[24] 由此顯示臺南州廳對於成立嘉南塾態度十分積極，儘管籌備時間不長，卻能順利完成軟硬體的整合。

　　筆者在臺灣總督府職員錄系統查詢日昭和 9 年（1934）至日昭和 11 年（1936）嘉南塾還位在烏山頭校址時的教職員名冊，除了第二任

22　樋口孝，《臺南州立農業國民學校嘉南塾要覽》，頁 1-2。

23　陳正美，《嘉南大圳與八田與一》，頁 291。

24　〈嘉南塾職員決定〉，《臺南新報》，版 8，（臺南：臺南新報社，1934/04/21）。

塾長林田正治外，尚有樋口孝、越智綱義兩名囑託，[25] 這也是莊相如就讀嘉南塾第二期時所遇到的教職員。

目前資料所保留的嘉南塾相關照片，幾乎都是後來遷移到斗六郡莿桐庄所拍攝的，留在官田時期的照片並未多見，筆者僅在《臺南新報》看到一張嘉南塾剛成立的學校建築物照片，[26] 因此比較少線索可以判斷嘉南塾第一、二期辦學期間的學生生活樣貌。

臺灣總督府職員錄記載嘉南塾第二任塾長林田正治資料以及校址。[27]

臺灣總督府職員錄記載嘉南塾教職員樋口孝資料。[28]

25　《臺南新報》報導中是刊登教職員為越智綱義，《臺南州立農業國民學校嘉南塾要覽》亦是記載為越智綱義，臺灣總督府職員錄系統則是記載為越知綱義（應為誤植），為求統一，本文以越智綱義為主。

26　〈者番開校之嘉南塾〉，《臺南新報》，版4，（臺南：臺南新報社，1934/05/09）

27　臺灣總督府職員錄（網站 https://who.ith.sinica.edu.tw/search2result.html?h=mSgc7IQl7xKMCBY5PrJIhYkWsP7XDts8xa2itfLqT9wR67K1wDPmTO10lnETCHQT）

28　臺灣總督府職員錄（網站 https://who.ith.sinica.edu.tw/search2result.html?h=mSgc7IQl7xKMCBY5PrJIhYkWsP7XDts8xa2itfLqT9wR67K1wDPmTO10lnETCHQT）

名錄代碼： C010024583000
姓名： 越知綱義
本籍： 愛媛
日本紀年： 昭和十年
西元紀年： 1935
單位名稱： 臺南州州立農業國民學校嘉南塾
官職名： 囑託
薪俸： 月90
書冊名(出處)：《臺灣總督府及所屬官署職員錄》
頁碼： 538
備註： 一學級；曾文郡官田庄烏山頭145
調閱影像： 🗐
勘誤： 📄
延伸查詢： 📝

臺灣總督府職員錄記載嘉南塾教職員越智綱義資料。[29]

嘉南塾創校之照片（資料來源：臺南新報）。

四、嘉南塾對莊相如的影響

　　莊相如就讀嘉南塾時，雖然尚未進入皇民化如火如荼時期，但整個學習內容已朝此方向進行，在思想上很難不受影響，根據其次子莊健義生前口述，莊相如曾在皇民化時期改日本名為「吉田隆作」，畢業後莊相如並未選擇定居榮村移民村，他與多數臺籍畢業生一樣回到故鄉，後來莊相如前往臺南刑務所擔任作業教手一職，任職時的姓名已改為日本名，筆者從「臺灣總督府職員錄系統」查詢，上面分別清楚記載兩筆吉田隆作於日昭和 17 年（1942）以及日昭和 19 年（1944）任職的資料。由此顯見嘉南塾倡導的皇民思想，是有某種程度影響到莊相如。

伍、結語

29　臺灣總督府職員錄（網站 https://who.ith.sinica.edu.tw/search2result.html?h=mSgc7I
　　Ql7xKMCBY5PrJIhYkWsP7XDts8xa2itfLqT9wR67K1wDPmTO10lnETCHQT）

筆者起初只是想了解祖父莊相如生前的歷史，但礙於他的壽命不長，加上後來學甲老宅曾重新翻修，很多有價值的照片與文物，都沒有保留下來，只能靠有限的口述歷史以及官方保存的資料，盡可能還原真相。

在得知祖父與八田與一技師都曾寄留「臺南州曾文郡官田庄烏山頭百四五番地」此一戶籍時，心中充滿疑惑，再深入研究過往文獻後，可以歸納出大致結論：八田與一技師當時因興建嘉南大圳曾寄留官田的戶籍地，在他離開遷回臺北後，嘉南大圳俱樂部有兩年在臺南州廳主導下，成為嘉南塾在官田辦學的校址，莊相如有幸在日昭和 10 年（1935）5

名錄代碼：	C017025114000
姓名：	吉田隆作
本籍：	臺南
日本紀年：	昭和十七年
西元紀年：	1942
單位名稱：	臺南刑務所教務課
官職名：	作業教手
薪俸：	月54
書冊名(出處)：	《臺灣總督府及所屬官署職員錄》
頁碼：	383
調閱影像：	
勘誤：	
延伸查詢：	

名錄代碼：	C019024277000
姓名：	吉田隆作
本籍(推測)：	臺南
日本紀年：	昭和十九年
西元紀年：	1944
單位名稱：	臺南刑務所作業課
官職名：	作業教手
薪俸：	月58
書冊名(出處)：	《臺灣總督府及所屬官署職員錄》
頁碼：	256
調閱影像：	
勘誤：	

莊相如改名為「吉田隆作」，任職臺南刑務所擔任作業教手資料。[30]

月入學成為嘉南塾第二期學生，戶籍也因而短暫遷往此一地址一年。

也因這層空間巧合，讓筆者逐一爬梳出嘉南塾的成立與公共埤圳嘉南大圳組合、臺南州廳官方，是有某種程度上的人事關聯性，甚至嘉南塾從第三屆後遷校至斗六庄荊桐村，也是配合官方設置移民村需

30 臺南總督府職員錄系統（網址：https://who.ith.sinica.edu.tw/search2result.html?h=v9 60tgk5gXFas1iSWCJoblagzlTUaWTRSl9HCenCwQzRc3lCHr7vI8UWRuN3oMeY）

求，讓多數日籍畢業生直接定居榮村。

受限於嘉南塾的研究並不多見，頂多只有報導與部分刊物，希冀未來有更多嘉南塾史料重現，包括第一、二屆學生就學時的照片，後來從第三屆、第四屆只錄取日籍生的成因，以及這些畢業生後來從事農業的比例，透過這些真相還原，讓日治時期的實業教育體系，有更完整的原貌呈現。

【參考資料】（略）

學甲區下社角李姓古墓碑淺探

許献平　*

摘要

　　明末，學甲下社角李姓開基祖李勝，響應鄭氏招募，攜李階、李孟、李松等三子，恭請故鄉保生二大帝、謝府元帥、中壇元帥渡海來臺，入墾學甲下社仔，至今已傳衍至第十四世，但保存的古墓碑僅「待贈妣潘孺人墓」一塊而已。

　　「待贈妣潘孺人墓」原葬於「烏鴉落洋穴」之地的學甲新頭港，日明治 33 年（1900）地理師詆稱「祖墓已經無氣」，潘氏「後頭」在將潘氏遷葬大內途中遇雨，加上棺繩斷裂而停棺，隔日，族人發現棺木已被土石掩埋，乃就地築墳造墓，並豎立原有「待贈妣潘孺人墓」墓碑，即今墳塋及墓碑。

　　「待贈妣潘孺人墓」有四大特色：一、捨撿骨裝甕，而以抬棺遷葬方式進行；二、後代子孫清明掃墓時，不燒香，不燒紙錢，僅敬花、壓墓紙，合十禱拜；三、全臺出土的雍正古墓碑不多，「待贈妣潘孺人墓」雍正古墓碑相形珍貴；四、印證「有唐山公，無唐山媽」的俗諺，也見證了臺灣開拓的一頁珍貴歷史。

關鍵字：新頭港、烏鴉落洋穴、西拉雅族、古墓碑、保生二大帝

*　　鹽鄉文史工作室負責人、文史研究者

一、前言

　　臺南市學甲區的「學甲」，昔時為西拉雅族蕭壠社的支社，《續修臺灣府志》有「鹽水港之西學甲社」的記載。學甲社，大抵以今慈濟宮為中心，在此附近的稱「中社」，在慈濟宮東南邊的稱「下社」，在慈濟宮北邊的就叫「後社」。

　　明末福建泉州府同安縣白礁鄉陳、李、謝、莊等四姓軍民隨鄭氏來臺，於將軍溪畔「頭前寮」登陸入墾該地；陳、謝兩姓多居「中社」、「縣仔內」，李姓多居「下社仔」、「七塊厝」，莊姓則分居「後厝仔庄」，之後並向四面做放射性拓墾，分別建立包括學甲、中洲、大灣、草坔、山寮、宅仔港、學甲寮、倒風寮（以上八地隸屬學甲區）、三寮灣、溪底寮、二重港、渡仔頭、灰窯港（以上五地隸屬北門區）的所謂「學甲十三庄」。[1]

　　清道光年間（1821-1850），學甲設「學甲堡」，轄急水溪下流一帶，除學甲庄外，尚包括「溪底寮庄」、「溪洲仔寮庄」和「中洲庄」等。日大正 10 年（1920）改為學甲庄，1946 年改為學甲鄉，1968 年升格為學甲鎮；[2] 2010 年臺南縣、市合併為直轄市，學甲鎮亦升格為學甲區。

　　學甲區漢人入墾年代雖然久遠，但在日昭和年間（1926-1945 終

1　黃文博，《南瀛地名誌・北門區卷》（臺南：臺南縣立文化中心，1998），頁 20。
2　黃文博，《南瀛地名誌・北門區卷》，頁 20。

戰），因「土地整理之須」[3] 强制遷葬田、畑（旱地）、原野、墳墓地、山林等上的祖墳，明清古墓碑在祖墳遷葬時，率皆敲毀棄置，學甲陳、李、謝、莊等四姓目前都各僅發現一塊古墓碑。本文僅就下社角李姓「待贈妣潘孺人墓」古墓碑做探討。

二、「待贈妣潘孺人墓」古墓碑

年代：清雍正 9 年（1731）
材質：青斗石
形式：額刻「皇清」
位置：大內區頭社里松仔腳
GPS：北緯 23 度 9 分 23 秒
　　　　東經 120 度 22 分 54 秒

學甲區下社角李姓開基祖李勝（生卒年不詳），福建泉州府同安縣白礁鄉人，於明永曆 16 年（1662）響應鄭氏招募，攜李階、李孟、李松等三子，分別恭請故鄉慈濟宮保生二大帝、謝府元帥、中壇元帥渡海來臺，3 月 11 日在漚汪溪（今將軍溪）畔頭前寮（今學甲中洲）登陸，定居學甲下社角（今慈福里）。下社角李姓後裔奉李勝為一代祖，奉李階、李孟、李松為二代祖（李階為二世大房祖，李孟為二世二房祖，李松為二世三房祖），亦即為下社角李姓三房頭的房頭祖，今建有「李勝三房公宗祠」。

3　為「土地整理之須」臺灣總督府官報陸續公告墳墓改葬遷移之區域，包括地目、地番、甲數、墳墓數、期限等，其中地目有田、畑、原野、墳墓地、山林等。昭和 18 年 11 月〈臺灣總督府官報〉476 期，「臺灣總督府公文類纂」，典藏號：0072030476a010。（國史館臺灣文獻館文獻檔案查詢系統 https://onlinearchives.th.gov.tw/，查詢時間 2023/11/15）。

學甲下社角「李勝三房公宗祠」外貌。

　　學甲下社角李姓自開基祖李勝傳衍至今已歷第十四世，後裔族孫無數，散居全臺各地。

　　學甲下社角李姓擁有自己的墓園，在今「李勝三房公宗祠」大門前路南的「墓林頭」，[4]從一世祖李勝以降的祖先，大多塋葬於此。日昭和年間，因「土地整理之須」，祖塋被迫遷葬，而墓碑則依民間喪葬習俗敲破棄置，未有遺存。至於保存下來唯一一塊「待贈姚潘孺人墓」墓碑，則因沒有葬在「墓林頭」李姓墓園，而免除被毀的命運。

　　「待贈姚潘孺人墓」沒葬在「墓林頭」李姓墓園，其墓碑被保存

4　「墓林頭」地號為：學甲區興太段 528 號。

至今，是有段鄉野傳奇故事。

潘氏是二世二房祖李孟（生卒年不詳）的續絃。李孟娶妻林氏孫（生卒年不詳），生子文榜、文薰、文起、文獻，林氏孫生四子後去世，李孟再娶潘氏（生年不詳），潘氏生子文德後，於清雍正辛亥年（1731）去世，依堪輿師建議，葬在有「烏鴉落洋穴」寶地的學甲「新頭港」墓地。

頭港昔為倒風內海的河港，由倒風內海入河最先頭可到的港口，故名為「頭港」，係「頭港吳」開基祖吳光覽率子吳維麟、吳維妹所開墾。日治初期，因來自「唐山」的堪輿地理師，向吳氏族人指稱：「頭港仔東一公里的東湖，地佔北辰，眾星拱之，乃烏鴉落洋之好地理」，部分吳姓族人乃於日明治 33 年（1900）東遷建庄，為與原居住地區分，而稱「新頭港」，原居住地「頭港」則稱為「舊頭港」。[5]「新頭港」果然地靈人傑，政商界人才輩出：龔聯禎、吳三連、吳修齊、吳尊賢、吳俊傑、吳俊陞、吳振隆等，均出自「新頭港」。

據傳，當年唐山地理堪輿師踏查頭港墓地時，見「待贈妣潘孺人墓」在其上，乃向下社角李姓族人稱「祖墓已經無氣」，意即祖墓的靈氣已經跑掉了，建議遷葬。祖墓既無靈氣，李姓族人為後代子孫著想，乃議決遷葬，並通知潘氏大內娘家。大內潘氏為西拉雅族目加溜灣社原住民，為地方頭人，潘氏族人強勢欲將墳塋遷葬大內，據傳就在起墳時，突然從墓穴中飛出七隻烏鴉，族人大驚，即以器具擊打之，其中有一隻被擊中而跛腳。[6]

5　黃文博，《南瀛地名誌·北門區卷》，頁 65。

6　許獻平，《田野調查日誌》，採訪李勝三房公宗祠總幹事李明席，2022/09/07，於李勝三房公宗祠一樓。

　　「待贈妣潘孺人墓」遷葬不是以傳統撿骨方式進行，而是將整副棺木扛起，翻山越嶺，徒步跋涉，豈料來到今墓址時，大雨磅礡，山路泥濘難行，加上棺繩斷裂，於是決議暫時停棺，待天晴時再繼續遷棺。隔日即雨霽天晴，族人來到停棺處，發現棺木已被土石掩埋，知該地為潘氏自選墳址，於是就地築墳造墓，並豎立原有「待贈妣潘孺人墓」墓碑，即今墳塋及墓碑。此後，學甲下社角李姓族人清明時節，便千里迢迢來此掃墓。據地理堪輿師言，該地為「毛蟹穴」之吉地，不可點火燒紙，以免傷其蟹腳，因此，後代子孫掃墓時，不拜牲醴、果品，僅敬花、壓墓紙，不燒香，不燒紙錢。[7]

　　「待贈妣潘孺人墓」坐落大內區頭社里叢林中，從麻豆社子走「南119甲」道路到「南寶保齡球場」大門左轉進入產業道路，不久右轉進入叢林，下切約100公尺便可抵達坐落在六雙溪畔的「待贈妣潘孺人墓」。

　　「待贈妣潘孺人墓」坐北朝南偏西，依山勢而建，有些微向前傾斜，其建構有墓碑、墓耳、墓桌、墓案前靠、墓龜、曲手、柱珠、墓塋及后土等。

　　墓碑額刻「皇清」，中路刻「待贈妣潘孺人墓」，左路刻「辛亥年梅月穀旦」，右路刻「男李 文獻（文）薰（文）榜（文）起（文）德全敬立」。

　　臺灣古墓碑上額刻「皇清」是對清國正式的尊稱，是在碑文中會出現的字樣，證明墓主是清領時代的人。「皇」，大也，所以「皇清」

7　許献平，《田野調查日誌》，採訪李勝三房公宗祠總幹事李明席，2022/09/07，於李勝三房公宗祠一樓。

「待贈妣潘孺人墓」坐落大內區頭社里叢林中。

「待贈妣潘孺人墓」古墓碑。

右路刻「男李文獻(文)薰(文)榜(文)起(文)德仝敬立」。

為「大清」之意。[8]中路碑文「待贈」，也是碑文中常見的字樣，即「等著封賞」，因生前未得誥封，希望後代子孫有功名而得到「誥贈」，以顯榮耀；[9]「孺人」，原為封建時代進士科考及第，即可授予「七品」縣官，其母及夫人可敕封為「孺人」，日後，民間對於有名望的婦人，皆給予「孺人」的雅稱。[10]左路碑文「辛亥年」乃清雍正 9 年（1731），「梅月」即農曆 4 月。

右路刻「男李 文獻（文）薰（文）榜（文）起（文）德仝敬立」。墓碑碑文是直式書寫，年長者居中，其次居左，再其次居右。潘氏墓碑孝男依長幼次序為文榜、文薰、文起、文獻、文德。所以「文榜」居中，「文薰」居左一，「文起」居右一，「文獻」居左二，「文德」居右二。右路刻孝男，未刻孝孫，蓋潘氏去世時，孝男均尚未婚之故。可見林氏孫與潘氏去世時均尚年輕，五位兒子均尚未成家。

8　百度知道 https://zhidao.baidu.com/question/1860581383638294707.html。

9　姜朝鳳宗族 https://nicecasio.pixnet.net/blog/post/546874618。

10　陳仕賢，《臺灣的古墓》（臺北：遠足文化，2007），頁 24。

　　墓耳，又稱「墓肩石」，即墓碑左右兩旁的石碑，形狀似耳或肩，故名。[11]「待贈妣潘孺人墓」的墓耳，雕有花鳥等吉祥圖案。

　　「待贈妣潘孺人墓」為二曲手規模，曲手立柱有聯曰「千秋名不朽」、「百行孝為先」；左曲手壁堵嵌有「重修碑」，碑文為「二大房祖至今已有二百四十一載久眾子孫於民國六十一年六月初一重修」，落款為「學甲鎮」；右曲手壁堵嵌有「修建委員芳名錄」碑，修建委員為：林遠、李大溪、李假、李逢春、李益欣、李响、李上、李道、李吾仁、李景洲等十名。「待贈妣潘孺人墓」自日明治 33 年（1900）遷葬後，曾在日昭和 18 年（1943）重修，1972 年是為第二次重修。

「待贈妣潘孺人墓」墓耳雕有花鳥等吉祥圖案。

曲手立柱左聯「千秋名不朽」。

曲手立柱右聯「百行孝為先」。

　　曲手立柱上雕塑有洗石子的螃蟹、毛筆及官印等裝飾。毛蟹，點明此地為毛蟹穴；官印，有期許後代子孫功名成就、光宗耀祖之意涵。墓龜為圓形，覆土為墓，墓龜上再以磚砌葫蘆型墓廓，平日墓龜為蔓

11　陳仕賢，《臺灣的古墓》，頁 28。

左曲手壁堵「重修碑」。　　　　　　　右曲手壁堵「修建委員芳名錄」碑。

草所覆，只有在每年農曆 3 月李姓族人掃墓前整理墓園時，才得見全貌。墓埕，為水泥鋪面，築有半圓形前壠。墓埕左邊（龍爿），有「后土神」石碑，青斗石材質；「后土神」，為守墳的土地公。

毛蟹。　　　　　　毛筆。　　　　　　官印。　　　　　　后土神。

　　學甲下社角李姓族人去大內祖媽墓掃墓，不在清明節當天，而在農曆 3 月第 四個星期日，只拜鮮花，潘孺人墓及后土神各一對；不燒香，僅雙手合十禱拜； 不燒紙錢，僅壓墓紙，此掃墓習俗已延續一百

餘年,仍為現在進行式。

三、「李三房祖歷代塋」墓碑碑文

年代:民國 69 年(1980)

材質:青斗石

形式:額刻「學甲」

尺寸:橫 36 公分,直 60 公分,厚 6.8 公分

位置:臺南市南區南南山公墓

GPS:北緯 22 度 58 分 01 秒,東經 120 度 12 分 20 秒(南南山公墓祖墳)

北緯 22 度 58 分 0 秒,東經 120 度 12 分 08 秒(北南山公墓祖墳)

日昭和年間,因「土地整理之須」,「墓林頭」的祖墳被迫遷葬,「墓林頭」的遷葬,是由下社角遷居「瓦寮」的二房七世的李大再(1975-1945)主其事。李大再將葬在「墓林頭」的一至六世祖共九門祖墳,撿骨裝甕合葬在臺南市南山公墓;此九門祖墳之外的所有祖墳,則以萬人塚方式,同樣遷葬在臺南市南山公墓。兩墓距離不遠,但東西向的中華南路從南山公墓穿越,以致兩墓被中華南路切開,形成一至六世祖共九門祖墳在路南(南南山公墓),萬人塚祖墳在路北(北南山公墓)的現象。

南南山公墓的九門祖墳分別為:一世祖李勝、大房二世祖李階、大房二世祖媽五娘、二房二世祖李孟、三房二世祖李松、三房二世祖媽、二房四世祖李番、 二房六世祖李是(1981-1887)、二房六世祖媽

黃柳（1845-1903）。北南山公墓的萬人塚祖墳，葬的是六世以降的李姓先人靈骸。

南南山公墓「李三房祖歷代塋」坐北朝南偏西，其建構有墓碑、墓耳、墓桌、 墓案前靠、墓龜、子孫巷、募案後靠、曲手、柱珠、墓埕及后土等。北南山公墓祖墳坐南朝北偏西，僅有墓碑及墓壙。南北兩座祖墳的墓碑，其尺寸、石材、碑文完全一樣。

南南山公墓「李三房公歷代塋」全貌。

南南山公墓「李三房公歷代塋」墓碑。

墓碑額刻「學甲」，中路刻「李三房祖歷代塋」，左路刻「民國庚申年修」， 右路刻「下社角宅子港子孫一同立」。

墓碑額刻慣用「郡望」，表明祖籍，近來臺灣墓碑額刻除「郡望」外，也用地理位置，「學甲」屬之，這是「土斷」[12]及在地化的必然現象。「李三房祖歷代塋」指的是學甲下社角開基祖李勝派下歷代祖先的墳塋。「民國庚申年修」，是1980年重新整修墳塋。南北兩座「李

12　「土斷」是取消祖籍舊稱，而代以寄寓地名之謂。

三房祖歷代塋」，都是在日昭和年間，因「土地整理之須」時遷葬的，當年所豎立的墓碑已在整修時敲毀棄置，改立今墓碑。

「下社角宅子港子孫一同立」指明豎立墓碑的是學甲下社角，以及自下社角遷徙至宅仔港的李姓後裔。下社角李姓大房、二房在七世祖時，遷徙草垺及宅仔港拓荒結庄，僅三房留在下社角未遷徙他地。南北二處「李三房祖歷代塋」重修時，宅仔港李姓族裔也出資共修祖墳，故刻碑以誌之。

南南山公墓「李三房祖歷代塋」為二曲手墓制，曲手立柱上有石珠，一曲手立柱聯對，左右聯分為「祖德千秋在」「宗基萬世存」。二曲手立柱聯對，左右聯分為「祖宗千年業」、「兒孫百世昌」。

一曲手立柱左右聯：祖德千秋在、宗基萬世存。　　二曲手立柱左右聯：祖宗千年業、兒孫百世昌。

南南山公墓「李三房祖歷代塋」的墓案後靠，於民國 77 年（1988）重修，並鑲嵌「得其所哉」碑誌之。「得其所哉」典出《孟子·萬章上》：「**昔者有饋生魚於鄭子產，子產使校人蓄之池。校人烹之，反命曰：『始舍之，圉圉焉，少則洋洋焉，攸然而逝。』子產曰：**

『得其所哉！得其所哉！』」[13] 「得其所哉」意即「得到合適的棲身處所」。

墓案後靠「得其所哉」碑。

北南山公墓「李三房公歷代塋」外貌。

北南山公墓「李三房公歷代塋」為一長方形建構，四周磚砌墓廓，李姓六世以降歷代祖先骨骸散置其中，再鋪上水泥，中央地帶砌一洗石子祭壇，祭壇上豎立「李三房公歷代塋」墓碑；墓廓上修築矮牆。該墳塋除墓碑外，捨棄一般墳塋墓制建構要素，甚是特殊。

北南山公墓「李三房公歷代塋」墓碑。

四、結語

學甲下社角李姓開基祖李勝，福建泉州府同安縣白礁鄉人氏，響應鄭氏招募，攜李階、李孟、李松等三子，恭請故鄉保生二大帝、謝府元帥、中壇元帥渡海來臺，於漚汪溪（今將軍溪）頭前寮登陸，入墾下社仔，原搭草寮奉祀，迨慈濟宮創建恭迎保生二大帝入祀後，

13　李善馨發行，《四書纂疏》（臺北：學海出版社，1980），頁 471。

謝府元帥、中壇元帥則由下社仔李姓族人輪祀爐主家，直到白礁宮創建時，再從慈濟宮分靈保生二大帝，同祀白礁宮，即「新開基保生二大帝」。

每年農曆 3 月 11 日，學甲十三庄民都有組香陣前往頭前寮「請水」謁祖，遙祭白礁慈濟宮祖廟的「上白礁」之俗，後逐漸演變成遶巡十三庄的「學甲刈香」。「學甲上白礁」已於 2022 年登錄為國家級「重要民俗」文化資產。

學甲下社角李姓自開基祖李勝，至今已傳衍至第十四世，但保存的古墓碑僅「待贈妣潘孺人墓」一塊而已。學甲下社角李姓歷世祖先大多塋葬李姓墓園「墓林頭」，日昭和年間，因「土地整理之須」，祖塋被迫遷葬，而墓碑則依民間喪葬習俗敲破棄置，未有遺存。「待贈妣潘孺人墓」墓碑，則因非葬在「墓林頭」李姓墓園，而免除被毀的命運。

下社角李姓後裔奉李勝為一代祖，奉李階、李孟、李松為二代祖，亦即為下社角李姓三房頭的房頭祖，今建有「李勝三房公宗祠」。李孟為二房的房頭祖，娶妻林氏孫，生子文榜、文薰、文起、文獻，林氏孫去世後，李孟再娶西拉雅族目加溜灣社原住民潘氏，潘氏生子文德後，於清雍正辛亥年（1731）去世，葬在有「烏鴉落洋穴」之稱的學甲「新頭港」墓地。

日明治 33 年（1900）地理師詆稱「祖墓已經無氣」，李姓族人議決遷葬，並通知潘氏大內「後頭」。潘氏「後頭」擬將潘氏遷葬大內，潘氏的遷葬，是將整副棺木扛起，翻山越嶺，來到今墓址時，因大雨磅礴，山路泥濘難行，加上棺繩斷裂，決議暫時停棺，待隔

日雨霽天晴，族人發現棺木已被土石掩埋，知該地為潘氏自選墳址，於是就地築墳造墓，並豎立原有「待贈妣潘孺人墓」墓碑，即今墳塋及墓碑。

「待贈妣潘孺人墓」有四大特色：

「待贈妣潘孺人墓」的遷葬，捨傳統撿骨裝甕，而以抬棺遷葬方式進行，再加上原葬地為「烏鴉落洋穴」，與新頭港「臺南幫」崛起相連結，以及今葬地為「毛蟹穴」的傳說，豐富了臺南鄉野傳奇的文化底蘊與內涵。此其一。

據地理堪輿師言，該地為「毛蟹穴」，不可點火燒紙，以免傷其蟹腳，因此，學甲後社角李姓後代子孫清明掃墓時，既不燒香，也不燒紙錢，僅敬花、壓墓紙，合十禱拜，百餘年來遵此習俗不渝。此其二。

「待贈妣潘孺人墓」豎立清雍正古墓碑，由於雍正朝僅短短13年，雍正古墓碑比起清國其他朝代相對來得少，目前全臺出土的雍正古墓碑不多，「待贈妣潘孺人墓」雍正古墓碑相形珍貴。此其三。

而更珍貴的是「待贈妣潘孺人墓」是漢原通婚的有力證據，印證「有唐山公，無唐山媽」的俗諺，也見證了臺灣開拓的一頁珍貴歷史。此其四。

【參考書目】（略）

臺南文獻稿約

一、徵稿說明

（一）本刊為半年刊，每年 6 月、12 月出刊，係研究有關臺南文獻之學術性專刊，園地公開，舉凡與臺南有關之人文、史地、社會、文化等等論述、史料、田調、訪談…，均歡迎賜稿。

學術性「論述類」稿件請依題目、摘要（500 字內）、關鍵詞（5 個內）、本文、參考書目等順序撰述。

（二）來稿以未發表之稿件為限。凡學術性「論述類」稿件每篇以不超過 2 萬字、一般性著作以不超過 1 萬字為宜，內容務必據實考證，切忌虛構事實或有類似攻訐情事凡經採用，略贈薄酬（每篇最多不超過 8000 元），**並於出刊後致贈送該期刊 2 冊。**

（三）文稿請用電腦繕打印出，來稿電子檔請提供電子檔案（Word 及 PDF）。照（圖）片請附 JPG 檔（1600×1200 以上），其取得與使用權需註明出處並由作者負責，填寫投稿者基本資料表後簽名。來稿電子檔請寄：tainanwenxian@gmail.com（並註明投稿《臺南文獻》）。

（四）著作權歸屬：

1. 各篇著作者享有其著作人格權，本刊則享有著作財產權；

第三者若欲轉載、翻印、翻譯，需先徵得著作者及本刊同意後始得為之。另本刊保有日後推展公益及文教業務所需之刊登發行權。

2. **來稿一經採用，本刊除採紙本發行外，日後並有以電子書或光碟等數位格式發行之權利，經採用之文稿不另支付其他報酬或費用。本刊並有權再授權國家圖書館或其他資料庫進行重製、透過網路提供服務、授權用戶下載、列印、瀏覽等行為；為符合各資料庫之需求，作者同意使用人得酌作格式之修改。**

3. 來稿請勿發生侵害第三人權利之情事，稿件中涉及版權部分（如：圖片使用等），請先徵得原作者或出版者之同意，如有抄襲、重製或侵害等情形發生時，概由投稿著作者負擔法律責任。

（五）投稿時請同時填寄：「《臺南文獻》投稿者基本資料表」（如 p4）；來稿錄用與否，均不予退稿，請自留底稿。

（六）本刊採雙人匿名審稿制，如有需要，作者需作必要之修稿；另為編輯需要，本刊對來稿有刪改權，不願刪改者，請於稿面註明。凡經錄用之稿件，作者不得要求抽回。

（七）來稿請寄，地址：73049 臺南市新營區中正路 23 號；電話：（06）6324453。

並於信封註明「臺南文獻徵稿」。

（八）本刊自 2024 年起，改採全年徵稿。並於每年 4 月底前、10 月底前進行審查。本刊得視稿件多寡，由編輯審查委員會彈性調整其登載時間。

二、撰稿體例

（一）格式：

1. A4 規格，橫排，標準版面（上下 2.54，左右 3.17），頁碼置中。

2. 字型為新細明體。若有引用文字則用標楷體，直接引原文時，短文可逐入正文，外加引號；如所引原文較長，可另行抄錄，全部空 2 字。

3. 字體大小

   題目：16 號字，置中。

   小標：14 號字，置中。

   內文：12 號字，首行空 2 字，每段與後段距離 0.5 列；左右對齊。

   子目：篇內各節，如子目繁多，應依各級子目次序標明，其次序為：壹、一、（一）、1、（1）。

4. 圖表之編號採阿拉伯數字（如圖 1、表 1）；「圖」的標

題標示於圖下置左,「表」的標題標示於表上置中。

5. 如有臺語專用術語,請括弧注音;注音系統採用教育部
「臺羅拼音系統」。

(二)**標點符號**:請用新式標點符號。「」用於平常引號;『』用
於引號內之引號;《》用於書、報、期刊;〈〉用於論文
及篇名;()用於夾註。唯在正文中,古籍書名與篇名連
用時,可省略篇名符號,如《諸羅縣志・風俗志》。

(三)**關於年代**

1. 統一用詞:荷蘭時期、鄭氏時期、清領時期、日治時期、
民國時期。

2. 1895~1945 日治時期用日本紀元(日明治、日大正、日昭
和)。

3. 朝代紀元後面加西曆,如:清道光 3 年(1823)、日大正
元年(1912)。

4. 民國 34 年 8 月以後可用民國或直接寫西曆,如:「民國
100 年(2011)」或直接寫「2011 年」。

(四)**關於數字**:年代、數目,一律用阿拉伯數字;字體採用
Times New Roman。

(五)**註釋**:隨頁附註,統一置於標點符號之後。註釋內之引用文
獻第 1 次出現時,須列舉全部出處資料,第 2 次以後可用簡

略方式表示之。中外文並存時，依中文、日文、西文順序
排列。

（六）引用專書或論文，請依下列格式。

1. **華日文專書**：作作者，《書名》（出版地：出版者，年份），
頁碼。

　　初引：何培夫，《南瀛古碑誌》（臺南：臺南縣政府，
　　　　　2001），頁 11~22。

　　再引：何培夫，《南瀛古碑誌》，頁 22~33。

　　書目：何培夫，《南瀛古碑誌》。臺南：臺南縣政府，
　　　　　1995。

2. **華日文論文**：作者，〈篇名〉，《期刊名稱》卷期（出版地：
出版者，年月），頁碼。

　　初引：戴文鋒，〈臺灣民間有應公信仰考實〉，《臺
　　　　　灣風物》46：04（臺北：臺灣風物雜誌社，
　　　　　1996/12），頁 94。

　　再引：戴文鋒，〈臺灣民間有應公信仰考實〉，頁 96。

　　書目：戴文鋒，〈臺灣民間有應公信仰考實〉，《臺
　　　　　灣風物》46：04（臺北：臺灣風物雜誌社，
　　　　　1996/12），頁 94~96。

3. **西文專書**：作者―書名―出版地點―出版公司―出版年份―頁碼。

　　初引：C. R. Boxer ed., South China in the Sixteenth Century (London: Hakluyt Society, 1953), pp. 304-305.

　　再引：C. R. Boxer ed., South China in the Sixteenth Century, pp. 304-305.

　　書目：C. R. Boxer ed., South China in the Sixteenth Century. London: Hakluyt Society, 1953.

4. **西文論文**：作者―篇名―期刊卷期―出版項―年月―頁碼。

　　初引：Joshua A. Fogel, "'Shanghai-Japan': The Japanese Residents' Association of Shanghai," Journal of Asian Studies 59.4 (Nov.2000), pp. 927-950.

　　再引：Joshua A. Fogel, "'Shanghai-Japan': The Japanese Residents' Association of Shanghai," pp. 927-950.

　　書目：Joshua A. Fogel, "'Shanghai-Japan': The Japanese Residents' Association of Shanghai," Journal of Asian Studies 59.4 (Nov.2000), pp. 927-950.

5. **華文報紙**：〈標題〉―《報紙名稱》（出版地）―年月日―版頁。

初引：林雪娟，〈安平國小學童震撼教育〉，《中華日報》，
2009/9/15，版 B6。

再引：林雪娟，〈安平國小學童震撼教育〉，版 B6。

書目：林雪娟，〈安平國小學童震撼教育〉，《中華日報》，
2009/9/15，版 B6。

《臺南文獻》投稿者基本資料表

姓名		投稿日期	年　　　月　　　日	
投稿題目				
稿件字數	稿件全文（含華英文摘要、正文、註腳、參考文獻、附錄、圖表等)共_____字 (請務必填寫)			
服務單位與職稱				
研究領域				
通訊住址				
電話	(O)： (H)： 行動電話：		傳真	
電子郵件				

1. 茲保證以上所填資料無誤，並保證本文內容全部未曾在其他刊物出版，亦無一稿多投、違反學術倫理或侵犯他人著作權之情事，否則願負全責。
2. 投稿者應保證本文內容為自己創作，如有侵權情事應自行負責，使用他人照片或著作，應取得著作權人之合法授權。
3. 茲同意將本人擁有著作權之上列學位論文、書面報告、技術報告或專業實務報告、作品之紙本及全文電子檔(含書目、摘要、圖檔、影音資料等)，依著作權法規定，非專屬、無償授權臺南市政府文化局，不限地域、時間與次數，以文件、錄影帶、錄音帶、光碟、微縮、數位化或其他方式將上列授權標的基於非營利目的進行重製，並同意本局於本局所屬或相關合作網際網路公開傳輸數位檔案，提供讀者基於個人非營利性質之線上檢索、閱覽、下載或列印。

作者簽名：

日　　　期：　　　年　　　月　　　日

臺南文獻 第 24 輯

發　行　人｜黃偉哲
總　策　劃｜謝仕淵
副　策　劃｜林韋旭、黃宏文
編　輯　委　員｜謝國興、黃文博、戴文鋒、陳文松、許献平、鄭道聰、林喬彬
總　編　輯｜黃文博
行　政　編　輯｜陳雍杰、李中慧、方冠茹
書　封　設　計｜陳文德
內　頁　排　版｜鳥石設計

出版
臺南市政府文化局
地　　　址｜708201 臺南市安平區永華路二段 6 號 13 樓
電　　　話｜06-6325865
官　　　網｜https://culture.tainan.gov.tw

卯月齋商行
負　責　人｜林廷璋
地　　　址｜104001 臺北市中山區中山北路一段 56 巷 2-1 號 2 樓
電　　　話｜02-2522-1795
官　　　網｜https://enka.ink
信　　　箱｜enkabunko@gmail.com

法　律　顧　問｜華洋法律事務所 蘇文生律師
總　經　銷　商｜大和書報圖書股份有限公司
印　　　刷｜合和印刷有限公司

出　版　日　期｜2023 年 12 月（初版一刷）
定　　　價｜新臺幣 350 元

I S S N｜2227-8168（平裝）
G P N｜2010100948
分　類　號｜R047
局　　　號｜2023-755